# 『パンセ』で極める人間学

鹿島 茂 Kashima Shigeru

# 『パンセ』で極める人間学　目次

## (1) 自然な話し方によって、

ある情念やある効果が見事に描かれると、人はいま聞いたばかりの話の真実性を自分自身の中に発見することになる。たとえ、その真実性が自分の中にあったということにまったく気づきもしなかったにもかかわらず、である。その結果、その事実に気づかせてくれた人をにわかに愛するようになる。なぜなら、その人は自分自身の財産を教えたのではなく、わたしたちの財産を教えてくれたからだ。ことほどさように、こうした恩恵はわたしたちにとってその人をたいへん好ましい存在に変えるが、さらに言うなら、わたしたちとその人との知性の共通性がわたしたちの心にその人への愛を吹き込むことになるのだ。(断章一四)

パスカルについても、また『パンセ』についても何も知らない人が『パンセ』を読んだらどう感じるだろう、というのが私がそもそも本書を執筆してみようと思った動機です。というのも、『パンセ』を初めて読んで、いきなり、その思想的な深さに感動するという人はむしろ少ないのではないかとつねづね感じていたからです。なぜそんなに確信をもっているかというと、ほかならぬ私がかつてそうだったからです。大学生のころ、フランス語の教科書に『パンセ』の一節が例文として出ているのを見て、よし翻訳で『パンセ』を読んでみようと思い立って書店で文庫版を購入したのですが、どの言葉も、なんだか当たり前のことのように感じられて、とくに感心することもなかったし、感動するなどということもありませんでした。翻訳だからなのかと思い、フランス語のテクストを購入して読んでみたのですが、あまり印象はかわりませんでした。

ところが、それから何十年かたって、必要あって『パンセ』を原文で読み返してみたところ、今度はじつによく理解できたばかりか、もしかするとパスカルはあらゆる思想家、哲学者の中で一番凄いことを言っているのではないかとさえ考えるようになったのです。ひとことでいえば、私は何十年もかけてパスカルを再発見したのです。

同時に、なぜ若いときにはパスカルの凄さ、深さに気づかなかったのだろうという疑問も抱きました。もちろん、何十年かの人生経験や読書体験というものもあるでしょう。しかし、それだけではないはずです。原因はパスカルの側にもあるはずなのです。つまり、パスカルの『パンセ』の書き方が一つの原因にもなっているのです。

そこで、『パンセ』を語学教師何十年のキャリアをもとに分析的に読解したところ、一つの事実が浮かび上がってきました。

それはこのテクストにある「自然な話し方によって」という一句です。そう、パスカルの表現は、いささかのケレン味も含まず、「ドーダ、オレの文章は凄いだろう、参ったか!」というようなマウンティング感もありません。本当はもの凄く深いことが語られていても少しも凄いとは感じないほどに「自然な」文体そのもので書かれているのです。そのため、実はパスカルによって真実に初めて目を開かれたのだとしても、その人はそうは感じずに、自分で自分の中に真実を発見したと思いこんでしまうことになるのです。

そして、パスカルの言葉だったことなど完全に忘れたまま何十年かたってパスカルを読み返し、「なんだ、自分で発見したと思っていたことはパスカルに教えられたことだったんだ」と悟り、「パスカルはなんて偉大なんだ」とあらためてパスカルのことがすっかり好きになってしまうのです。まさに「その事実に気づかせてくれた人をにわかに愛するようになる」し、「わたしたちとその人との知性の共通性がわたしたちの心にその人への愛を吹き込むことになる」のです。つまり、わたしたちは大きな迂回路を取りながらもパスカルに深く共感し、「パスカルは偉い!」と思うようになるのです。

では、いったい、パスカルはなにゆえにこうした戦略、つまり、まったく相手にそうと気づかれないように自分の考えを吹き込み、相手に自分でその考えを発見したように仕向けたのでしょうか?

それは、パスカルには一つの大きな考えがあったからなのです。

しからば、その「一つの大きな考え」とは何なのでしょうか?

これが、本書において、これから皆さんと一緒に『パンセ』を読み解きながら、少しずつ解き明かしていきたいと思っている問題です。

# 第1章 ようこそ、『パンセ』の人間学へ

(2)

**わたしは長いあいだ、**抽象的な学問の研究に打ち込んできた。そして、そのことについて、他の人とコミュニケーションを取ることがまことに少なかったので、いささかうんざりしてしまった。そこで、人間の研究に転じたのであるが、そのとき、抽象的な学問というのは人間には向いていないことに気づいた。同時に、抽象的な学問など知らない人よりも、それに深入りしたわたしのほうが、自分の境涯から逸脱しているのだと思った。そこで、他の人々が抽象的な学問をほとんど知らないことを許したのである。しかしまた、わたしは、人間の研究においてなら、少なくとも、抽象的学問のときよりも多くの同輩と出会うことができるだろうと信じた。そして、これこそが人間に適した学問だと思った。しかし、それは誤りであった。人間を研究する人は幾何学を勉強する人よりもはるかに少ないのだ。むしろ、人間を研究する術を知らないがために、人間以外のことを研究したがると言ったほうがいい。だが、人間が学ぶべきはやはり人間の学問ではなかろうか、それとも、幸せになるには、人間について知らないでいるほうがいいのだろうか？（断章一四四）

パスカルは天才少年であり、そのことに気づいた父親エティエンヌによって英才教育を受けました。父親自身が教え、しかも、非常に優れた教師だったため、パスカルは幼い頃から天才ぶりを発揮して、十二歳でユークリッドの『幾何学』を独力で理解し、十六歳で『円錐曲線試論』を執筆しました。これは「パスカルの定理」と名付けられ、年若くして天才の名をほしいままにします。徴税官だった父親の仕事を助けるために計算機を発明したり、真空の実験を行ったりして、数学、物理学において数々の発見・発明をなし遂げます。この点はモーツァルトとよく似ています。

さらにモーツァルトと似ているのは、二十八歳のときに父親を亡くしたことで大きな精神的ショックを受け、人生の方向転換を余儀なくされたことです。

この断章は、そのショックから立ち直るため、パスカルが、数学や物理学といった「抽象的な学問の研究」から、「人間の研究」のために社交界に出入りし、社交界でオネットムと呼ばれる知性と教養を兼ね備えた人々とつき会い、人間とは何かを知ろうとつとめていた時期のことを念頭に置いています。パスカルは、この交際により、自分が没頭してきた抽象的学問に人々がほとんど興味を示さないことに最初は驚きましたが、すぐに自分が例外であったことに気づき、人々の無知を許しました。しかし、それならば抽象的学問に興味を示さない社交界の人々が人間について自分よりも多くを知っているのかと観察したところ、人間について研究を行う人は抽象的学問に興味を持つ人間よりもはるかに少ないことを知っておおいに驚いたのです。

かくて、のちに『パンセ』として結晶する数々の考察がパスカルの人間研究の中から生まれることになったのですが、その人間研究の中心となったのが、人間はなぜ幸福を追い求めるのかという主題でした。

(3)

**人間はすべて幸福になろうとしている。これには例外がない。幸福になろうとする方法に違いはあっても、全員がこの目標を目指している。戦争に行く者もいれば、行かない者もいるが、どちらもこの幸福になりたいという同じ願望から発している。願いは両者とも同一であり、違った見方が付随しているだけだ。意志というものは、この目標に向かう以外にはいかなる小さな行動も起こしえない。これこそ、ありとあらゆる人間のありとあらゆる行動の動機であり、首を吊ろうとする人もまた例外ではない。**（断章四二五）

パスカルは社交界に出入りして人間研究を行いますが、その人間研究においても自然研究や数学・物理などの研究におけるのと同じ方法を用います。すなわち、抽象的研究においては、まず確立しなければならないのを思考の基準となるべき「明証的なもの」は何かと考察してから、最初に見いだされた「明証的なもの」を第一公理として立てることから始めましたが、パスカルが人間研究において打ち立てた第一公理は、この「人間はすべて幸福になろうとしている」という事実認識でした。

戦争に勇んで出掛ける者の動機は、戦争に行けば名誉を得られるからとか、あるいは略奪などに加担しておおいに儲けることができるからとか、じつにさまざまですが、それら動機はいずれも、「そうすれば幸せになれると思うから」という共通性をもっています。これは戦争に行かない者も同じことで、戦争に行かない理由はさまざまあれど、「そのほうが幸福になれるから」というのは共通しています。

このように人間を行動に駆り立てる根本原因は「幸せになれるから」というものなのであり、たとえ、ここに不幸のあまり首を吊ろうとしている人がいたとしても、その人は「首を吊らないで不幸のままでいるよりも首を吊って死んでしまったほうが幸せだから」と思って首を吊るのです。つまり、「幸せになりたい」ということに例外はないのです。パスカルは数学者、物理学者らしい徹底した論理の運びを人間学にも応用したのです。

**(4)（死や貧困や無知などの）悲惨にもかかわらず、人間は幸福でありたいと思い、幸福であることしか望まず、また、そうでありたいと願わないわけにはいかなかった。**

**しかし、そうであるためにはどうしたらいいのだろうか？　うまくやりおおせるには、自分が不死にならなければならない。だが、それはできない相談であるから、そのことを考えないようにしようと思いついたのである。**（断章一六九）

どんなに悲惨な状況に置かれていたとしても、幸福でありたいと願うのが人間の本性（ほんせい）であり、これには例外はないというのがパスカルが確認した事実でした。しかし、では、どうすれば幸せになれるのでしょうか？

これに対して、パスカルは答えを保留したうえで、それは不死にでもならないかぎり、不可能なことだと指摘し、だからこそ、そのため、人間はそのことを考えないようにしたと断じています。それでは、なぜ、不可能なのでしょうか？

### (5) もし、わたしたち人間の条件というものが本当に幸福だとするなら、わたしたちはそのことを考えようとする必要もなく、幸福になることができるはずなのだ。（断章一六五）

パスカルは論理の人です。それゆえ、どんな問題を前にしても、問題提起↓条件（前提）の検討↓論理学の手順を踏まえた上での演繹（えんえき）↓結論という筋道をたどります。したがって、人間はどうやれば幸福になれるのかという問題を検討するためには、人間であることの条件として幸福になるのは可能であるという前提が含まれていなければならないとします。

そして、もし、人間の条件に幸福になるのは可能であるというのが含まれているのだとしたら、幸福になることは場合によっては可能なはずです。しかし、人間の条件には、果たして幸福になる可能性が含まれているのでしょうか？　かくて、パスカルはこの問題の検討に入ります。

(6) **わたしたちがどんな状態にいても、**自然はわたしたちを不幸にするものである。わたしたちの願望が、もっと幸福な状態というものをわたしたちの心に描きだしてみせるからだ。その願望は、わたしたちがいまいる状態に、わたしたちがいない状態の快楽を結びつける。そして、わたしたちは、その快楽に到達したとしても、そのために幸福になるということはけっしてない。わたしたちは、その新しい状態にふさわしい別の願望を持つに至るからだ。（断章一〇九）

パスカルが人間の条件を検討して出した結論は、残念ながら、「否（ノン）」でした。その理由がここで述べられています。

すなわち、幸福になりたいと願うその状態というものはわたしたちの願望が想像力で心の中につくり出すものなので、もし、実際にその状態にたどりついたとしても、その「いまいる状態」は、幸福を生み出すかわりに、その状態から見てより幸福に思える別の状態をつくり出してしまうからなのです。

つまり、人間には願望や想像力というものがそなわっている限り、永遠に幸福にはたどりつけないような条件になっているのです。

(7)
**もし人間が幸福であったなら、**聖人や神のように、気を紛らす材料がなければないほど幸福なはずである。この命題に対しては肯定（真である）と否定（真でない）の両様で答えることができる。まず肯定。そうだ、気晴らしで喜ばせてもらうことができるというのは、それだけでも幸福なのではなかろうか？　次に否定。いや違う、なぜなら、気晴らしは他所から、外部から来る。ということは、気晴らしが可能なのはことと場合によるのであって、理の当然として無数のアクシデントにより混乱が生じるから、苦しみは不可避となるのである。（断章一七〇）

パスカルは数学者ですから、ある問題について考えるとき、背理法という方法を用いるのを得意とします。背理法とは、ある命題が真であることを証明するために、いったんその命題が成り立たないと仮定し、その結果、矛盾が生じるのであれば、その命題は真であるとする証明法です。

ここでパスカルが背理法の力を借りて証明したいと思う命題は「人間は、幸福ではない」

ということです。これを背理法にかけると、「人間は、その条件において、幸福である」となります。

これだけでは矛盾はまだ見えてきませんが、しかし、「気晴らし」という要素を加えると、とたんに矛盾が生じてくるのです。つまり、人間がその条件において幸福ならば、気晴らしなどまったくなくても幸福なはずだが、現実にはそうではないということが証明されてしまうからです。

しかも、気晴らしというものは、人間の内部にあることは稀(まれ)で、たいていは外部から来るものですから、場合によっては気晴らしに恵まれることもあればそうでないこともあり、幸福は気晴らしの有無に左右されてしまうことになるのです。

## (8) 個々の仕事をいちいち吟味しなくとも、気晴らしという観点から眺めれば、それだけで十分である。(断章一三七)

幸福の検討に気晴らしという要素を導入することで活路が開けたと思ったパスカルは、この「気晴らし」を自己の思想を練り上げるための最高のツールとすることに決めます。そして、最初に選ばれたジャンルが人間の仕事というものです。

## (9) 人間は、屋根葺き職人だろうとなんだろうと、生まれつき、あらゆる職業に向いている。向いていないのは部屋の中にじっとしていることだけだ。（断章一三八）

この言葉の真実性は、コロナ禍で蟄居を余儀なくされた人ならだれもが強く感じたことでしょう。といっても、コロナ禍では、どんな人でも、気晴らしになりそうなもの、たとえばスマホ、パソコン、テレビ、雑誌、本などが手元にありましたから、気晴らしはなんとか可能でしたが、もし、これらの気晴らしのアイテムがまったくないような状態で、部屋の中でじっとしていることを強いられていたらどうだったでしょうか？

こんなことなら、どんなに辛い仕事でも、部屋でじっとしているよりははるかにましと感じたはずです。そう、部屋で気晴らしなしで蟄居することに比べたら、どんな仕事でも楽しく感じられてしまうのです。

(10)

**この世で王位ほど**素晴らしい地位はない。これ以上の身分は想像できないほどだ。わたしたちの財産を全部かき集めても王のそれに達しえない。とはいえ、こうした、あらゆる満足に取り囲まれた王になんの気晴らしも与えられていないとしたらどうなるか? 王は、必然的に、自分というもののことを考え、考察を巡らすことになるはずだが、こうした退屈きわまりない幸福は王の心の支えとはなりえないだろう。(中略)その結果、いわゆる気晴らしというものを持たない王は、なんとも不幸な人間、彼の臣下のいちばん身分が下の者よりも不幸な人間となるにちがいない。そうした身分下の臣下は少なくとも賭事(かけごと)や気晴らしができるからだ。

以上のことから、賭事や貴婦人たちとの会話、戦争、偉大なる職務などが王によってあれほどに希求されることになるのだ。そうしたことの中に本当の幸福があるわけではない。また賭事で手に入る金とか狩りで追いかけるウサギの中に真の幸せがあると思ってもいない。金やウサギをいきなり差しだされたら、そんなものはいらないと言うはずである。人が求めるのは、そうした弛緩(しかん)した平穏なものではないのだ。そういったものはむしろ、不幸な状態のほうにわたしたちの考

**えを向けさせてしまうものである。同じように、求められているのは戦争の危険でも職務の苦労そのものでもない。むしろ、不幸の状態からわたしたちの目をそむけさせ、考えないでいられるようにしてくれて、気を紛らせてくれる喧噪こそが求められているのだ。**（断章一三九）

パスカルは「あらゆる職業」の中に「王位にあること」も含めて、論証を続けます。すなわち、王位にあるということはこれ以上ないほど満足に囲まれた地位・身分であり、プラスの価値は無数にあるはずなのだが、もし、王に気晴らしというものが認められていないというたった一つのマイナス価値があったら、たとえ王位にあったとしても、気晴らしのある最下位身分の者よりも惨めで不幸な人間になるだろうというのです。

ひとことでいえば、気晴らしがないというマイナス価値はあらゆるプラス価値を一気に消滅させるほどに強烈なマイナス要素なのです。そのため、人間は気晴らしとなるものならば、戦争だろうと賭事であろうと、あるいはウサギ狩りだろうと、それに熱中して、気晴らしがないことで現れてくるかもしれない不幸から目をそらすために、気を紛らすのです。

## (11) 変に哲学者ぶって、

**買ってまでは欲しくないウサギを追いかけ回して一日を過ごす人たちは不合理だと非難する人は、わたしたちの本性というものをほとんど理解していない。ウサギそのものはたしかに、わたしたちの視線を死や悲惨からそらせてはくれないが、ウサギを狩ることは、わたしたちが死や悲惨を直視するのをちゃんと妨げてくれるからである。**（断章一三九）

人間の行動や仕事をすべて「気晴らし」という観点から眺めてみるとどうなるのかというのがパスカルの究極の問題設定でしたが、こうした観点から見てもっとも明快に説明のつくのがウサギ狩りです。

ウサギというものが非常に貴重で価値がある動物ならまだその動機はよくわかるでしょう。しかし、狩ってしまったウサギをありがたがって食べるのはよほど貧しい人で、たいていの人は、ウサギをいきなり差し出されたら、そんなものはいらないと拒否するはずなのです。ウサギそれ自体には真の価値、すなわち幸福があるわけではないのです。

では、なぜ人はウサギ狩りをするのでしょうか？　ウサギ狩りをしていると気晴らしになって、わたしたちを襲ってくる死や悲惨への恐怖を忘れさせてくれるからです。これが『パンセ』の中でも有名な、ウサギ狩りを介した人間の本性への考察なのです。

# 第2章
# 人は気晴らしなしでは生きられない

（12）**総監、大臣、高等法院長になる**ということは、ほかでもない、朝っぱらから、いたるところからやってきたたくさんの人の陳情を受けつけ、一日のうち一時間たりとも、自分というものについて考える余裕を残してはくれないような地位にあるということを意味している。したがって、もし、そうした高官が失脚して、田舎の家に蟄居するように命じられるようなことがあると、たとえ財産や召使などにこと欠かなくとも、惨めで、見捨てられた者とならざるをえない。なぜなら、彼らが自らについて考えるのをだれも妨げてはくれないからである。（断章一三九）

テレビを見ていてよくわかりますが、政府高官、政治家などは、高齢にもかかわらず皆、元気そのものです。もともと元気な人が政治家や政府高官になるということもあるでしょうが、それにしても元気すぎます。

パスカルは彼らの元気の秘訣は、陳情受付やらなんやらで、自分の時間がまったくなく、気晴らしなど考える余裕もないことにあると断じています。そのため、失脚して隠退を余儀なくされると、気晴らしの方法も知らないので、自分について考えざるを得なくなり、最も惨めな存在になってしまうのだとしています。

これは、政府高官や政治家に限らず、大会社の社長や大学学長、あるいは猛烈に働いた会社役員などについても言えることです。考えないために、気晴らしとしての仕事が必要なゆえんです。

（13）

**わたしは、人間のさまざまな行動や、**人が宮廷や戦場で身をさらす危険や苦しみのことを考え、かくも多くの争いや情念、大胆で時に邪悪なものにさえなる企(くわだ)てはいったいどこから生まれるのかと考察を巡らしたとき、人間のあらゆる不幸はたった一つのことから来ているという事実を発見してしまった。人は部屋の中にじっとしたままではいられないということだ。もし、生きるための十分な資産を持っている人が自分の家に喜んでとどまっていられたなら、その人はわざわざ大航海に出かけたり、要塞(ようさい)攻略に出撃したりすることはなかっただろう。軍職をあれほど高い金を払ってまで手に入れるのも、町の中で動かずにいることに堪(た)えられないからだ。会話や賭事などの気晴らしに耽(ふけ)るのも、自宅にじっとしていられないからにすぎない。

ところが、わたしたちの不幸の原因を発見したあとで、さらに一歩踏み込んで考察を巡らし、なぜそれが不幸の原因となるのか、その理由を発見しようと努めたところ、非常に説得力のある理由を見いだした。それは、わたしたちの宿命、すなわち、弱く、死を運命づけられた人間の条件に固有の不幸にあるのだ。それは、さらによく考えれば、慰めとなるようなものがまったくないほどに惨めな状

**態なのである。**（断章一三九）

パスカルが気晴らしという観点から人間のあらゆる営為を観察した結果どうなったかがここで総括されています。人間の本性(ほんせい)として部屋の中でじっとしたままではいられないということが、人間のあらゆる営為や行動の原因であり、また不幸の原因でもあるということです。

この考察は、現代において流行しているものについて考えると、非常におおきな意味をもってきます。部屋の中にじっとしていても、気晴らしができるようなツール、たとえばパソコンやスマホが最も重宝がられ、それなしでは一秒もいることができなくなっていますが、まさにそのことがパスカルのこの考察の正しさを証明するかたちになっているのではないでしょうか?

しかし、パスカルはここで考察を止めることなく、そうした気晴らしなしでの蟄居がなぜ不幸の原因となるのかという問題にさらに深く踏み込んでいます。

それは、もともと人間は死を運命づけられているという条件を免れがたいからということとになります。そして、この人間の惨めな条件の確認から出発して、パスカルの思考はさらに深いところへ測鉛(そくえん)を垂(た)れていくことになるのです。

(14)

## わたしたちは、闘いには興奮するが、勝利には興奮しない。

動物同士の格闘を見るのは好きだが、勝ったほうの動物が負けたほうの動物に食らいつくのは見たくはない。勝利による決着以外に何を望んでいるのだろうか？　だが、ひとたび勝利による決着が訪れると、うんざりしてしまう。賭事についてもしかり、真理の探究においてもしかり。論争においてもしかりで、意見が闘わされるのを見たがるのであって、発見された真理を眺めるのは願い下げである。真理を喜んで認めさせるには、それが論争から生まれたものであることを示さなければならない。情念においてもまたしかり。二つの相反する情念がぶつかりあうのを見るのは楽しいが、一方がもう一方を支配するとなると、それはもはや暴虐でしかない。わたしたちはけっしてモノを探すのではない。モノの探究を究めるのである。ことほどさように、演劇においても、サスペンスのないめでたしめでたしの大団円は価値がないし、希望が皆無の極端な悲惨も、また粗野な恋愛も、辛辣（しんらつ）すぎる酷薄（こくはく）さも同じように価値がない。（断章一三五）

人間のパッションというものへのこれ以上はないというほどに透徹した解説。闘い、勝負事、賭事、論争、真理の探究など、人間は「賭けられたもの」を巡るファイトに熱中するので、一見すると「賭けられたもの」に興奮し、熱狂しているように見えます。しかし、実際には、「賭けられたもの」を巡るファイトそのものに熱狂し、興奮しているので、「賭けられたもの」を巡るファイトが終わってしまえば、「賭けられたもの」はどうでもよくなってしまうということなのです。

では、「賭けられたもの」を巡るファイトそのものとは何なのかといえば、「モノの探究の探究」であるとパスカルは喝破（かっぱ）します。モノを求めたり、真理や真実を探究したり、どちらが勝つか賭けたりする、そうした営為そのものを求めるのが人間の本性なのです。

(15)

**彼らは考える。**もし、あの地位を得ることができたなら、そのあとは喜んで休息を取ることにしよう、と。彼らは知らないのだ、自分の欲望がどれほど貪婪(どんらん)な性質を持っているかを。だから、自分は心の底から休息を欲していると思い込んでいるのだが、実際に求めているのは、興奮することなのだ。

彼らには一つのひそかな本能があり、それが彼らをして、気晴らしと仕事を自宅の外に求めさせるのだが、それは自分たちの永遠に続く惨めな状態の予感から来ている。(中略)このようにして一生が過ぎてゆく。人は障害と戦っているときには休息を求めるが、ひとたび障害を乗り越えてしまうと、休息は耐え難いものになる。なぜなら、いま直面している悲惨のことを考えるか、あるいは、いずれ、わたしたちを脅(おびや)かす悲惨のことを考えずにはいられないからだ。そして、たとえ、どんな方面からも完全に守られているように見えたとしても、倦怠(けんたい)が、もとからそこに根を張っている心の底から姿を現して、その毒で人の精神を満たさないではおかないのである。(断章一三九)

たえまなく活動したり働いている人は休息を欲しているように見えますが、実際には休息などいささかも欲してはいないことが多いという、ワーカホリック人間の心理に対する考察です。パスカルによるとワーカホリック人間は、休息の中に潜んでいる倦怠の危険性について予感しているということになります。

昔の修身の教科書などで使われた「艱難(かんなん)、汝(なんじ)を玉(たま)にす」という格言も、案外、こうした休息と倦怠への恐怖を語っていたのかもしれません。つまり、休息したら、立ち止まったら負けだということなのですが、この「負けだ」という言葉は、いったい「何に負けるのだ?」という方向に疑問を深めていけば、それはパスカルがここで述べようとしている、人の心を蝕(むしば)む倦怠というものへの考察へと通じるはずなのです。

(16)

**人は子供のころから、**自分の名声や財産や友人たちについて、さらには友人たちの名声や財産にまで気を配るようしつけられる。また、仕事とか、言語の習得とか、稽古とか、いろいろと命じられる。さらに、大人たちは、子供たちに向かって、自分の健康、名誉、財産などを、さらには友人たちのそれまでも、より良き状態にしないかぎり幸福にはなれないし、そのうちの一つが欠けても不幸になると教え込む。そして、実際、子供たちは成長するに及んで、早朝からあくせく働かざるをえない職務や労務をあてがわれることになる。これを見て、あなたは「子供たちを幸福にするにしてはなんと奇妙な方法だろう。むしろ、これは子供たちを不幸にするための最上の方法ではないか」と思うことだろうが、とんでもない。いったい、こうする以外に、何ができるというのだろうか？　いいだろう、そう言うなら、子供たちからこうした心遣いを全部取り去ってやることだ。そうなったら最後、子供たちは自分を見つめ、自分がなんであり、どこから来て、どこへ行くのかを考えることになるはずだ。ゆえに、子供たちをいくら奔命(ほんめい)に疲れさせ、気を紛(まぎ)らせても、それでやりすぎということはないのである。(断章一四三)

パスカルは子供も立派な人間だと考えます。そして、子供も人間である以上、気晴らしなしの無為には耐えられないだろうと見なします。だから、もし、子供に稽古事や自己学習などの義務を与えずに、完全に自由に放置したら、子供たちは伸び伸びと成長するかに見えて、実際には、無為を持て余し、自分とはなんだろうと考えて、絶望に駆られてしまうかもしれないと考えます。その結果、子供たちには「仕事とか、言語の習得とか、稽古とか」いろいろと課題を与えたり、立派な社交人士となるように礼儀作法を教えたり、仕付けを行わなければいけないという結論に至るのです。

これは果たして反語的な表現なのでしょうか、それとも本心からこう述べているのでしょうか？

どちらでもあるようです。

というのも、パスカルは気晴らしなしの無為や自由の危険性に気づいていますから、できるものなら子供たちをこうした危険から回避させてやりたいと考えるはずだからです。しかし、いっぽう、後述のように、パスカルは気晴らしというものの危険性にも自覚的であり、気晴らしを無限に与えたら子供をだめにするとも予測しています。ですから、ここは反語であり、反語ではない、と解釈しておくのが適当ではないかと思います。

(17)
**人間にとって、完全な休息の中にいながら、**情念もなく、仕事もなく、気晴らしもなく、神経を集中させることもない状態ほど耐え難いことはない。そのような状態にあると、人は虚無を感じ、自分が見捨てられ、不十分で、他に従属しており、無力で、空っぽであることを自覚してしまう。そして、たちまちにして、魂の奥底から、倦怠が、暗黒が、悲しみが、傷心が、怨恨が、絶望が湧きでてくるのである。（断章一三一）

パスカルの「気晴らし理論」は、じつはこの「無為と倦怠」理論を導くためのイントロであったことがよくわかるテクストです。パスカルは別に無為と倦怠に陥らないように気晴らしをしろといっているのではありません。人が気晴らしをするのは、無為と倦怠を恐れるからであり、その恐れられている無為と倦怠の方に人間の本性があると見なしているのです。そう、無為と倦怠をきっかけにして現れてくる悲惨と絶望こそ、真の意味で考察すべき対象なのです。

(18)**わたしたちの惨めさを**慰撫してくれるただ一つのものは気晴らしである。ところが、まさにこれこそがわたしたちの惨めさの最たるものなのである。なぜなら、気晴らしをしていると、わたしたちは自分のことを考えないですみ、気がつかないうちに自分をだめにしてしまうからだ。気晴らしというものがなければ、わたしたちは倦怠に陥るだろうが、その倦怠はわたしたちをして、そこから抜けだす最も確かな方法を模索させるはずだからである。それなのに、気晴らしをしていると、わたしたちは楽しいために、気がついたときにはもう死がそこまで来ているのである。（断章一七一）

この断章には『パンセ』の中で最も重要な考えが述べられています。そして、それは同時に、『パンセ』においてパスカルが用いている説得のレトリックの精髄を示すものでもあります。

すなわち、パスカルは、人生におけるほとんどの人間の営為は気晴らしにすぎないと喝破し、なぜ、そうした気晴らしに熱中しているかと問いかけて、気晴らしがなければ人間は倦怠に陥り、虚無や悲惨や死の恐怖などと対峙せざるをえなくなるからだと結論づけました。が、では、そうならないように永遠に気晴らしを続けていればいいのかと再び問いかけ、そうではないと転じます。気晴らしがないために陥る倦怠は、じつは、真の意味で倦怠から抜け出す「最も確実な方法」をそのうちに含んでいるというのです。

倦怠に陥るのが恐ろしくて気晴らしにばかり耽っていると、この倦怠から抜け出す「最も確実な方法」を見つけそこなってしまうというのがパスカルの主張です。したがって、わたしたちがしなければならないのは、気晴らしを敢えて断って、倦怠に耐え、そこから真の意味で抜け出す契機を見つけなければならない、ということになります。

ところで、これは、パスカルが『パンセ』の中で披露している次のような説得術にも繋がる議論なのです。

## (19) 人間というのは概して、自分の頭で見つけた理由のほうが、他人の頭の中で発見された理由よりも、深く納得するものだ。（断章一〇）

パスカルが気晴らしばかりして倦怠を回避しているのはよくないと主張した背景には、おそらくパスカル自身が経験した、倦怠との直接的対峙こそが倦怠から抜け出す「最も確実な方法」であるという「発見」があります。つまり、パスカルは自分自身が見いだした「理由」によって初めて納得したのです。それまで、他人からいろいろと指摘を受け、倦怠から抜け出す方法を教えられてもダメだったものが、自分自身で方法を発見したことにより、ようやく納得したのです。その方法がたとえ他人から教えられたものと同じだったとしても、やはり自分で見いだすことが大切なのです。

(20)

## 人を効果的にたしなめ、

その人が誤っていることを教えるには、その人がどの方向からものごとを見ているかをしっかりと見極めなければならない。というのも、その人が見ている方向からは、ものごとはたしかに真に見えるからだ。そして、それが真に見えることを認めてやる必要がある。しかし、同時に、別の方向から見ると誤っている事実を発見させてやらなければならない。そうすれば、その人は満足するだろう。というのも、自分が誤っていたのではなく、全方位的に見る術(すべ)を欠いていたにすぎないと気づくはずだからだ。ところで、人は、全方位的に見ることができないと言われても腹を立てないが、誤っているとは言われたくないものである。これはおそらく、人は全方位的に見ることができないのが普通で、また自分が眺めている方向については誤らないのが普通であるということから来ているのだろう。方向の感覚というのは常に正しいからである。（断章九）

「その人が見ている方向からは、ものごとはたしかに真に見える」というのは、たとえば、気晴らしがないと倦怠に陥るから気晴らしに耽る、という考え方です。これはパスカルが強調しているように、それ自体では真に見えますし、事実、真なのです。パスカルも、『パンセ』の中で、この方向から見た場合の「真」について強調しています。

しかし、では、気晴らしばかりしているのが人間にとって正しい生き方なのかといえば、それは違う、とパスカルは考えます。つまり、パスカルは、気晴らしがないと倦怠に陥るから気晴らしに耽るという方向の見方の正しさを認めた上で、別の見方もあるよと勧めているのです。

その別の見方というのは、気晴らしがないために陥る倦怠というものには悪いことばかりではなく良い面もあるかもしれないという見方です。良い面というものが何かについてはパスカルはこの段階では明示していませんが、あとからわかってくるように、それは神の存在を信じてキリスト者になることなのです。

ひとことでいえば、『パンセ』でパスカルが用いているのは、無神論者やリベルタン（自由思想家）などを説得してキリスト教の道に導くことなのですが、なんとも皮肉なことに、折伏（しゃくぶく）の方法を模索しているうちにパスカルは哲学の新しい道を発見することになるのです。

# 第3章　すべては「ドーダ」で理解できる

(21) **わたしたちは、自分の中に、すなわち自分自身の存在の中に持っている生活では満足できない。わたしたちは、他人の頭の中で、イマジネールな生活をしたいと思っているのだ。そのために、見てくれに気をくばる。わたしたちのイマジネールな存在を他人の頭の中でより美しくし、そのままに保ちたいと考えて、いつも一生懸命に働き、本当の生活というものをなおざりにしてしまうのである。**（断章一四七）

人間観察のために社交界に出入りするようになったパスカルは、あたかも自然を観察するような厳密さで人間を観察し、さまざまな事実を発見してゆきますが、その発見の一つに、人間は自分の中にある欲望や感情で行動するのではなく、他人の頭の中に映じている自分というものを想像力によって創りだし、その他人の頭の中のイマジネールな自分を鏡にして行動しているのだというものがありました。他人にどう思われているかということだけが大切で、そのイマジネールな自分に照らして行動するのです。そのため、自分の欲望や感情とはひどく掛け離れた生活をするようになってしまうのです。

## (22) あなたは人からよく思われたいと願っているのだろうか？ それならば、自分からそう言ってはいけない。（断章四四）

社交界に出入りする人々にとって、最高に価値あるものは、他人からよく思われることです。しかし、いくらそう思っていても、そのことを口にしてはいけないとパスカルは言います。なぜなら、そうした露骨な願望が示されるのを社交界の人は嫌うからです。

したがって、人からよく思われたいのであれば、そのことを決して口にせずに、自然とそうなるように仕向けなければいけないということなのです。なんと面倒なという勿れ、それが社交界というものの掟なのです。

(23) **虚栄というものは人間の心の中に**非常に深く錨(いかり)を降ろしている。だから、兵士も、従卒も、料理人も、港湾労働者も、それぞれ自慢ばかりして、賛嘆者を欲しがるのだ。さらに哲学者たちも、称賛してくれる人が欲しい。また、そうした批判を書いている当人も、批判が的確だと褒(ほ)められたいがために書くのだ。また、その批判を読んだ者も、それを読んだという誉(ほま)れが欲しいのである。そして、これを書いているわたしですら、おそらくは、そうした願望を持っているだろう。また、これを読む人だって……。(断章一五〇)

『パンセ』の中でも重要な断章で、しばしば引用されます。「人からよく思われたい」が一歩進んだ「人から褒められたい」という願望ほど強烈なものはなく、人間の行動のほとんどすべてはこの「褒められたい」願望で解釈できるというのがパスカルの社交界観察の結果です。

これは、「ドーダ、凄いだろう。おれ(わたし)を褒めてくれ。ドーダ、参ったか!」というところから、人間のすべてはこの「ドーダ」で理解できるとしたわたしのドーダ理論と完全に重なりますが、パスカルに言わせると私のこのドーダ理論もまた、理論の普遍性を褒めてくれと叫んでいるという点で、ドーダ理論の通りということになるのです。

(24)**わたしたちはひどく思いあがった存在だから、全世界の人から知られるようになりたい、いや、自分たちがこの世から消えたあとでさえ、未来の人に知られたいと思っている。それでいながら、自分の周囲の五、六人の人から尊敬を集めれば、それだけでうれしくなり、満足してしまうほどに空しい存在なのだ。**（断章一四八）

「褒められたい」という願望がさらに昂進（こうしん）すると、それは「自分のことをより多くの人に知ってもらいたい」という願望になります。表現者というのはこの認知願望に取りつかれた人たちで、自分が生きているあいだだけでなく、死後にも、未来の人に知られたい、忘れられたくないという願望を抱くようになるのです。

ところが、パスカルに言わせると、この「知られたい」願望に魅入られた人であっても、周囲のわずかな人から「凄いですね、素晴らしいですね」と認められていると、それで満足してしまうこともあるということです。

これは、ドーダの人でも例外ではなく、まわりに称賛者が何人かいるとそれで充足ということになります。これは、SNSの時代になってもまったく同じで、たいていの人は「いいね！」を常に押してくれる数人がいれば、案外、それだけで満足してしまうのです。この意味で、表現者にとってはSNSは避けるべき危険なメディアなのかもしれません。

**(25) わたしたちは、旅行で通りすぎる町々では、人から尊敬されることなど気にとめていない。しかし、そこに少しでも滞在せざるをえなくなると、そのことが気になってくる。この二つのあいだにはどれくらいの時間が必要なのだろうか？　わたしたちの空しくちっぽけな人生に見合うだけの時間、というほかはない。**（断章一四九）

日本のことわざに「旅の恥はかき捨て」というのがあります。旅先では自分のことを知っている人がだれもいないので、破廉恥（はれんち）なことをしても、恥ずかしいと感じることはなく、平然としていられるという意味なのですが、パスカルはこうした「旅の恥はかき捨て」がなくなるのにどれくらいの時間が必要なのかと問うています。

つまり、同じ場所に一定期間以上とどまると、そこに暮らす人々から尊敬を受けなければやっていけなくなるので、破廉恥なことは避けるようになるのが普通だが、その変化に必要な時間はどれほどなのかと問いかけているのです。「わたしたちの空しくちっぽけな人生に見合うだけの時間」というのはパスカル一流の皮肉です。

**(26) 栄光——子供時代から** 人に褒められてばかりいると、その人はだめな人間となる。まあ、なんて上手に言えたんでしょう！　まあ、なんて見事にできたんでしょう！　なんてお利口なんでしょう！　等々。ところで、ポール・ロワイヤル修道院の「小さな学校」の子供たちはというと、こうした羨望と栄光の刺激をいささかも与えられていないので、たいへんな暢気者になってしまうのである。（断章一五一）

パスカルは「褒められたい」「知られたい」という人間の根源的なドーダ欲望は、子供時代に、親を含めた周りの大人から、「まあ、なんて上手に言えたんでしょう！　まあ、なんて見事にできたんでしょう！　なんてお利口なんでしょう！」と褒められた成功経験に発するとしています。

しかし、だからといって、「悪は元から断つべき」という発想で、子供たちからこうした「褒められて、うれしかった」という成功体験を奪ってしまうのがよいかというと、パスカルが賛同したジャンセニストたちが創立したポール・ロワイヤル修道院での実験から、かならずしも正解ではないと留保を加えています。以下に引用するように、ドーダ願望は諸悪の根源ではあるのですが、また同時にこの章の最後の断章にあるように、人間の尊厳の根本でもあるからです。

**(27)好奇心とは、じつは虚栄心にほかならない。たいていの場合、人が何かを知りたいと思うのは、あとでそのことをだれかに話したいと感じているからなのだ。さもなければ、人は航海などしないだろう。もし、それについて何も話さず、ただ見るという楽しみだけで満足し、そのことを人に伝えるという希望がまったくないのだったとしたら。**（断章一五二）

純粋な好奇心というのは存在するのだろうか、というのがパスカルの問題設定です。たしかに純粋な好奇心は存在するように見えます。しかし、その好奇心が働いた結果、なにごとかを知り得た場合、それを人に伝えたり書いたりしないでいることは可能なのでしょうか？

「王様の耳はロバの耳」という寓話（ぐうわ）があるように、自分だけが知り得たことを一切口外しないでいることは非常に困難なのです。この結論から逆算して、パスカルは結論づけます。好奇心とは、話したり書いたりすることで得られるドーダ感覚、すなわち虚栄心にほかならないのだと。

**(28) 誇りというものは、悲惨や誤謬のただ中でさえ、いとも自然にわたしたちをとらえている。そのため、あとで人の語り種になるという条件さえ整えば、みな喜んで命を投げだすことになるのだ。**（断章一五三）

「褒められたい」「知られたい」というドーダの感情は、見方を変えれば誇りの感情、自負心、自尊心ともなりえます。しかし、その使いどころを誤ると、それは、いわゆる「匹夫の勇」となり、狡い人からうまく使われてしまうだけの結果になるのです。

戦争の英雄というのは、多くの場合、「あとで人の語り種になるという条件」を示されて、素朴にそれを信じてしまった人が「喜んで命を投げ出した」ことから生まれるものなのです。

（29）**人間の最大の卑しさは、**名声の追求にある。しかし、まさにそれこそが、人間の卓越さの最も大きなしるしなのだ。というのも、人が地上でどれほどのものを所有しようと、またどれほどの健康と快適さを得ようと、その人は、人々から尊敬されていなければ満足できないからだ。その人は人間の理性というものにかくも大きな敬意を抱いているので、地上で自分がいかに優位な立場を占めていようと、人間の理性の中で自分が優位を占めていなければ、満足できないのである。人間の理性の中に占める優位こそが最も素晴らしい優位さであり、いかなるものもこの欲望から彼の目をそらさせることはできない。そして、これこそが、人間の心の最も消しがたい性質なのである。（断章四〇四）

「褒められたい」や「知られたい」、さらには「尊敬されたい」といった願望は最終的には「名声を得たい」という願望に集約されます。パスカルはこれを人間の最高の卑しさのあらわれであるとしますが、同時に、それは人間の卓越の最高のしるしであるともします。

その理由というのがユニークです。すなわち、どんなに富を得ても、その金満家は、理性のあるまっとうな人々から尊敬されないと、真の意味で満足しないからであるというのです。つまり、卑しい金満家も「人間の理性の中で自分が優位を占め」ることに最高の価値を置いているのだから、理性はこの世でもっとも高く評価されているということになるという理屈です。理性ある人々のあいだでドーダして、評価されるのが、最高のドーダなのです。

いささか不思議な論法ですが、しかし、最後の最後で、それまでの議論をすべて引っ繰り返して、人間否定から人間肯定へと一気に転位するパスカルならではのレトリックだといえるでしょう。

# 第4章 とにかく自分のことが好き！

(30)
## ある人がわたしたちから愛されたほうが得であると判断する場合、

**その人は、わたしたちが不愉快と感じるようなことをあえてしはしない。わたしたちが扱ってほしいと思っているようなやり方で扱ってくれる。わたしたちが真実を憎んでいれば、ちゃんとそれを隠してくれる。わたしたちがお世辞を言ってほしいと願っていれば、お世辞を言ってくれる。騙(だま)してほしいと思っていれば、しっかりと騙してくれる。**(断章一〇〇)

「褒められたい」「認められたい」という人間の根源的な欲望はどこから来るのかと問うて、パスカルは自分を愛する心、すなわち自己愛がその発生源だという結論に至りますが、ではその自己愛はどうやって生まれるのかというと、それは人間関係からだと考えます。

二人の人(親子、兄弟姉妹、友人、師弟、上司と部下、王様と家来、主人と奴隷)がいて、その二人の力関係に強弱があり、愛されているほうが得だという損得勘定で弱者が動いている場合、強者の自己愛はより強くなりがちです。

右の断章は、このメカニズムを分析したものですが、これは、とりわけ親子関係に真っ先に当てはまります。親子関係の場合、親が強者、子供が弱者とは限りません。親が子供から愛されたいと願っている場合には、親が弱者、子供が強者となってしまうこともあるのです。親は子供から愛されるために、率先して子供の自己愛を育ててしまう結果になるのです。

(31)**世間での地位が** 運よく上がるにしたがって、人はその分、真実から遠ざけられてゆくものである。なぜなら、その人から好かれれば得になるけれども、嫌われてしまうとそれだけ危険になるというような上司がいた場合、だれだってその人を傷つけたりしたら大変だと思うからだ。たとえば、ある王侯がヨーロッパ中の笑い者になっていようと、当の王侯は笑い者にされていることをまったく知らないというようなことがしばしば起こる。真実を伝えるのは、伝えられた人にとっては有益のはずだが、たいていは伝える人にとって不利に働くようだ。真実ゆえに憎まれることになるからだ。ところで、王侯の近くで暮らしている人々は、仕えている主君の利益よりも自分の利益のほうが大切だと思っている、したがって、彼らは損してまで主君に得をさせようなどとは夢にも思わない。(断章一〇〇)

愛されるほうが得という損得勘定は、いうまでもなく、職場や学校のようなヒエラルキーの強い環境において強く働きます。支配欲が強く、好き嫌いが激しい上司や先生がいる職場や学校（とくにゼミ）では、好かれたら得、嫌われたら損の損得勘定が最優先されますから、結局、真実などというものは最も敬遠され、だれもそれに手を出そうとはしなくなります。そして、その損得勘定が一国のレベルにまで達したときに、その国は破滅への道を辿るこ（たど）とになるのです。

(32)
## 他の人を叱らなければならない

立場の人が示してしまう誤った心遣いというものがある。相手を傷つけないよう回り道をしたり、手心を加えたりして、いろいろと気を遣わなければならないからだ。相手の欠点を少なく見積もったり、それを許したふりをする必要がある。時には、そこに称賛をまじえたり、愛情と尊敬のしるしを加えたりしなければならない。ところがである。こうしたことをすべて試みても、叱責というこの苦い薬は相手の自己愛にとっては苦いことに変わりはない。自己愛は、苦い薬を飲まなければならない場合でも、できるかぎりこれを少なくしようとする。また飲み込んだとしても嫌悪感でいっぱいになる。そして、たいていは、その薬をくれた人に対してひそかな恨みをいだくようになるのだ。（断章一〇〇）

愛されたいというほどでなくても、人は嫌われたくはないと思うものです。そして、それは上下関係の上のほうにいる人、つまり上役や親や先生においてもそうなのです。そのため、部下や子供や生徒などを正当な理由から叱らなければならないようなときにも、嫌われたくないという思いから、これを回避してしまうことが少なくありません。

しかし、こうした回避行動をとることによって叱責（しっせき）の度合いを低くしたとしても、叱られるほうにとっては叱責は叱責ですから、飲みたくもない苦い薬を飲まされたと感じることになります。そして、その「不当」な処置を受けたという思いから、叱責という苦い薬をくれた上司や親や先生を深く恨むようになるのです。

(33)

## 自己愛の本質、

すなわち、この人間的な《自我》の本質とは、自分しか愛さず、自分しか尊敬しないことだ。しかし、次のような場合、人はどうしてよいかわからなくなる。愛してやまない自分という対象が欠点だらけで、悲惨のどん底にあるのになす術がない場合である。偉大でありたいと思うが、見えるのは矮小な自分でしかない。幸せになりたいと思うが、悲惨な自分を見るほかない。完璧な人間になりたいと思うが、不完全な自分を見るはめになる。人から愛され、尊敬の的になりたいと思うが、欠点のために、嫌悪と軽蔑にしか値しないことがわかってしまう。このような困惑の中に置かれると、その人のうちには、想像しうるかぎり最も不正で罪深い情念が芽生えてくる。というのも、その人は、自分を非難し、自分の欠点を思い知らせるこの真実に対して抜きがたい恨みを抱くようになるからだ。その真実をなくしてしまいたいと強く願うが、しかし、真実はそれ自体ではなくなることはない。よって、真実を自分と他人の知るかぎりにおいて破壊してしまうことになる。言いかえると、その人は、自分の欠点を、自分と他人の目に触れないよう、覆い隠そうとして全力を尽くすのだ。その欠点を人から指摘されることもいやだし、人に見破られることも我慢できないのだ。

（断章一〇〇）

ここでは、自己愛の所有者たる自我が同時に観察者でもある矛盾の悲劇が語られています。この場合、自己愛が勝つのでしょうか、観察者が勝つのでしょうか？　考えるまでもありません。自己愛は最強なのです。観察者がたとえ自己愛に逆らう欠点や悲惨や矮小さを認めたとしても、自己愛はそれを見なかったということにしてしまいます。

しかし、自己愛が見なかったことにしても、欠点や悲惨や矮小さがなくなるわけではありませんから、自己愛は次の手段を考え出すことにします。他人の目に触れないように、それらを隠してしまおうとするのです。かくて、自己愛による隠蔽工作が始まるのです。

（34）**自我は憎むべきものである。**（中略）ひとことで言えば、自我は二つの性質を持っている。自我は自分をすべてのものの中心にしようとする点において、それ自体で不正である。また、自我は他人を従わせようとする点において、他人にとっては不愉快な存在となる。というのも、自我は他の人全員の敵であり、暴君になろうとするからだ。不愉快さなら取り除くことはできるかもしれないが、不正は取り除くことができない。自我の不正を憎んでいる人に対し、それを愛するように仕向けることはできない。自我のうちに敵を見いださない不正な人だけには、それを愛するように仕向けることができる。したがって、自我はあいかわらず不正であり、不正な人にしか気にいってはもらえないのである。

（断章四五五）

自己愛の観察から始めたパスカルはその根源的な思考を働かせて、自己愛の発動者たる自我へと分析のメスを当てていきます。

パスカルによれば、自我の本質とは自己中心性と支配欲ということになります。つまり、自己中心的で支配欲が強い最悪の存在が自我なのです。

ところで、こうした自己中心的で支配欲が強い自我というものは、だれにでも同じように平等に配分されているように見えて、その実、不平等に配分されているものなのです。その結果、より自己中心的、より支配欲の強い自我と、そうでもない自我が存在することになります。つまり、強弱関係が生まれるのですが、そうなると、強い自我が弱い自我を支配する関係が生まれます。その場合、支配的な自我がたとえ不正であっても、被支配的な自我はその不正を不正であると言い立てはしません。かくて、より自己中心的でより支配的な自我は永遠に不正を貫き通していくことになるのです。

# 第5章 人間は奇妙なオルガンである

(35)
# 《わたし》とはなんだろう?

通行人を見ようとして窓際に身を置いた男がいるとする。その窓の下をわたしが通りかかったとしよう。果たして、その男はわたしを見るためにそこに身を置いたと言うことができるだろうか? 否である。なぜなら、その男は特別にわたしのことを考えていたわけではないからだ。それなら、ある女性をその美貌のゆえに愛している者は、その女性を愛していると言えるだろうか? 否である。なぜなら、もし天然痘が流行して、その女性を殺さずに美貌を殺したとすると、その男は女性をもう愛することはないからだ。

また、人がわたしの判断力や記憶力ゆえにわたしを愛したとするなら、その人はわたしを愛したと言えるだろうか? 否である。なぜなら、わたしは、わたし自身を失うことなくそうした性質を失う可能性があるからだ。このように、その《わたし》というものが体の中にもなく、魂の中にもないとすると、それはいったいどこにあるのだろうか? それにまた、そうした性質が滅びるものであるとするなら、それはわたしをつくっているものではないということになるが、そうした性質のためにではないとすると、いったいどうやってわたしの体や魂を愛す

**るなどと言うことができるのだろうか? 人がある人の魂の実体というものを、抽象的に、そこにどのような性質があろうとも、愛するなどということがありうるだろうか? そんなことはありえないし、正しくないだろう。というわけで、人はその人そのものを愛するのではなく、ただ性質だけを愛するのである。**

**したがって、役職や位階ゆえに尊敬されている人というものを馬鹿にするのはもうやめたほうがいい。なぜなら、人は、そうした借り物の性質のため以外にはだれも愛することはないからである。**(断章三二三)

デカルトは明証性、つまり思考の基礎になる絶対的に確実なものとは何かと問うて、「われ思う、ゆえにわれ在り」という結論に達しましたが、パスカルは、これとはまったく別の角度から、《わたし》とは何だろうと問いかけています。

まず外見から検証し、美貌ゆえにある女性を愛する男性がいた場合、天然痘でその女性の美貌が台なしになったら、その男性は女性をもう愛することはないから、外見というものは《わたし》の本質ではないとします。

次に、判断力や記憶力といった、目には見えないが確実に存在するはずの内面的能力について検討し、人がわたしをそうした能力ゆえに愛したとするなら、人はわたしを愛したことになるだろうかと問い、記憶喪失や認知症などでそうした能力は失われる可能性もあるのだから、わたしを愛したことにはならないとします。

そして、ここから、人は、わたしを構成するさまざまな性質のいくつかを愛するのであり、わたしそのものを愛することはできないと結論しますが、この結論から演繹される最後の文章は、いかにもパスカルらしい皮肉が効いていて見事というほかありません。

（36）**人がしていることは、**互いに騙しあい、へつらいあうことである。わたしたちがいないところで話していることをわたしたちがいる前で話す人はだれもいない。人と人との結合というものはこうした相互的な欺瞞に基づいているのだ。もし、ある人の友達がその人のいないところで話していることをその人が知ってしまったら、友達があとでいくら誠心誠意語ったとしても、友情はその時点で終わりとなるだろう。（断章一〇〇）

あえて解説を施すまでもなく、容易に理解できる断章のようにも思えますが、ＳＮＳの普及とそのさまざまな機能のゆえに、ある人がいない（はずの）ところで交わされるこうした陰口トークが、なんらかのアクシデントでそのある人に露見してしまうケースが増えているようです。このことを考えれば、パスカルのこの断章はより説得力をもってわたしたちに迫ってきます。問題は陰口トークというものがある種の連帯感（相互的欺瞞に基づく人と人との結合）も生むことで、人が陰口トークを好むのもこの負の連帯感があるためですが、連帯感を優先しすぎると負の連帯に加わってしまい、友情を失いますから、要注意です。

(37) **人は意地悪が好きなものだ。** しかし、意地悪していいのは、目の悪い人や不幸な人に対してではない。卓越した幸せ者に対してだけである。その点を外すと、見当ちがいなことになる。(断章四二)

パスカルは陰口や意地悪といったものには当然、否定的ですが、それが根絶不可能であることもまた認めています。なぜなら、それらは自己愛という人間の根源的本性から発しているからです。人は意地悪が好きなのです。

しかし、同時に、意地悪が許されるのは、自分よりも上位にいる者に対してだけであり、ハンディキャップのある人や下位にいる者への意地悪は許されないとしています。当たり前ですが、重要な論点です。この点を押さえておかないと、政治批判までが意地悪だといって批判されることになります。

(38)

## 人が、告白した案件に関して

**利害関係を持っていないなら、その人は絶対に嘘をついているはずはない、と断定することはできない。なぜなら、この世には、嘘をつくという目的のためにだけ嘘をつく人も存在するからだ。**

（断章一〇八）

さすがは人間観察においても超一流の鋭さを発揮したパスカルだけのことはあります。裁判官、検事、弁護士といった法曹関係者、それに刑事や探偵などといった人はこの言葉を心に刻んでおくべきでしょう。いや、こうした専門家だけではありません。わたしたちはみな、利害関係がなくても、嘘をつくという目的だけで嘘をつく人が一定数はいるという事実を決して忘れてはならないのです。

(39)

**真の友というものは、**最高位の貴族にとってさえ、かけがえもなく貴重なものである。というのも、真の友はたんにわたしたちを褒めてくれるだけでなく、わたしたちのいないところでもわたしたちを支えてくれるものだからだ。真の友を得るためだったら、どんなことでもするべきだろう。しかし、そのためには友を慎重に選ばなければならない。なぜなら、愚か者のためにありとあらゆる努力を重ねたとしても、まったくなんの益にもならないからだ。たとえ、愚か者たちがわたしたちのことを褒めてくれても、益にならないという点では同じである。さらに、愚か者たちは権威というものがないので、弱い立場に置かれたら、わたしたちについて褒めることはしないだろう。そして、みなと一緒になってわたしたちの悪口を言うだろう。（断章一五五）

最高に辛口の箴言を連発した、かのラ・ロシュフコーでさえ、真の友はかけがえのない貴重なものだと言っています。それだけ、真の友には出会えないものなのです。

これは逆にいえば、ほとんどの友は真の友ではないことを意味します。とくに、わたしたちが不在のときに、真の友と偽の友との違いは明らかになります。パスカルも社交界で、この経験をしたようです。

(40)

## 一定しないこと――人に接することを、オルガンを弾くようなものと思い込んでいる人がいる。たしかに、それはオルガンである。しかし、じつに奇妙なオルガンで、変わりやすく、反応もまちまちである。(そのパイプは順序だてて並べられていない。そのため、普通のオルガンしか弾けない人は)この人間というオルガンでは和音を奏でられないだろう。第一、ペダルがどこにあるかを知らなければならない。(断章一一一)

自然の観察を経て人間の観察に乗り出したパスカルにとって、人間というのはなんと複雑で理解しにくい対象であったことでしょう。人間はオルガンのような機械ではないので、人それぞれで全部つくりが違うし、レスポンスもまちまちなのです。理科系人間たるパスカルが社交界に出入りしたときの驚きがよく出ている断章です。

# 第6章 人は変わる？　変わらない？

(41) **彼は、十年前に愛していた女性を**もう愛してはいない。当然だろうとわたしは思う。その女性も同じではないし、彼だって同じではない。彼は若かったし、女性も若かったのだ。女性はいますっかり別の女になっている。彼も、もし女性がかつてのままだったら愛したかもしれない。（断章一二三）

なんだか当たり前のことが書き留められている断章のように思えますが、第5章の最初の断章「《わたし》とはなんだろう?」の時間バージョンだと考えると、それほど当たり前のことではなくなります。つまり、彼は十年前に愛した女性の何を愛していたのかということです。

外見でしょうか、内面の性質（パスカル風にいえば「魂」）でしょうか? どちらにしろ、彼は女性そのものを愛していたのではなく、外見や性質といった一部を愛していたにすぎません。もし、女性そのものを愛していたとするなら、いまもなお愛しつづけているはずだからです。時間の経過は、外見を変え、内面の性質を変え、また全体も変えるのです。

(42) **時代は苦しみを癒し、争いを和らげる。なぜなら人は変わるからである。人はもはや同じ人ではない。侮辱した人も侮辱された人も、同じ人ではないのだ。それはあたかも、かつて怒らせた人と二世代後に再会するが如きものだ。彼らはいまもフランス人だが、同じフランス人ではない。**（断章一二二）

これまた「《わたし》とはなんだろう？」を参照することによって深みが増す断章です。ここで問われているのは「わたし」の同一性を支えるのは何かということです。時間とともに人が変わってしまうものならば、何が、過去の「わたし」と現在の「わたし」の同一性を保証しているのだろうかという問いです。

菊池寛の小説に『恩讐の彼方に』というのがありましたが、この小説も同じ問題を提起していました。そう、人は変わるし、人はもはや同じ人ではないのです。

(43)

**食べ物で顔中汚した自分の顔を見て**怖がるのは子供である。しかし、それにしても、子供のときにあれほど弱かった人が、大人になってものすごく強くなるなどということがありうるのだろうか？　じっさいには、たんに外見が変わったにすぎないのだ。進歩によって完成したものは、すべて、進歩によって滅びるのだ。弱かったものが絶対的に強くなるなどということは断じてありえない。《彼は成長した。彼は変わったのだ》と言うが、それは嘘だ。彼は昔の彼なのである。（断章八八）

先の二つの断章と矛盾するようなことが述べられているように見えますが、観点が変わっただけで、これもまた「同一性」を保証するものは何かという問いかけです。外見や内面の性質といった部分的なものは、成長や時間の経過によって変化することはあるが、同一性の基盤となるものには変化はないということなのです。

太宰治の言葉に「彼は昔の彼ならず」というのがありますが、パスカルのこの「彼は昔の彼なのだ」も、基本的には同じことを述べているのです。

(44)

**人は精神が豊かになるにつれて、自分の周りに独創的な人間がより多くいることに気がつく。しかし、凡庸(ぼんよう)な人というのは人々のあいだに差異があることに気づかない。**（断章七）

人は変わるのか変わらないのかという問題はさておいて、精神が豊かになる人とそうでない人はどこがどう違うのかといえば、それは多様性への覚醒ということになるでしょう。多様性の尊重が叫ばれる今日ですが、人は多様であるということに気づくには、まず自分が精神的に豊かになるということが必要なのです。

# 第7章 人間は習慣によってつくられる

## (45)一生のうちでいちばん大事なのは、どんな職業を選ぶかということ、これに尽きる。ところが、それは偶然によって左右される。習慣が、石工を、兵士を、屋根葺き職人をつくるのだ。（断章九七）

『パンセ』の中でも重要な断章です。これを第1章で紹介した言葉「人間は、屋根葺き職人だろうとなんだろうと、生まれつき、あらゆる職業に向いている。向いていないのは部屋の中にじっとしていることだけだ」の横においてください。すると、断章の重みがだいぶ変わってくるはずです。

パスカルの考えはこうです。人間は自分の自由な意志に基づいて職業を選んでいるように見えるが、じつは偶然が選択を決めていることが多い。では、意志に基づかないで選んだ職業にもなぜ人はなじんでしまうのだろう。

それは、絶対に向いていない「部屋の中にじっとしていること」、つまり、人間の根源的な悲惨である「気晴らしのない蟄居」を避けるためである。だから、どんな職業でも、やっているうちにそれは気晴らしになる。職業という気晴らしがあるほうが、なにもしないで部屋にじっとしているよりはましなのである。しかも、偶然によって選ばれた職業は続けているうちに習慣になり、苦痛ではなくなって、ときには快楽にさえなるのだ。パスカルの「習慣」という言葉は、「気晴らしなしの蟄居」の脇においたときに初めてその意味がわかるものなのです。

(46)**習慣の力というのは**じつに偉大なものであり、自然が人間というかたちでしかつくらなかったものから、ありとあらゆる身分や職業の人間をつくりあげるのである。(断章九七)

人間の不幸の根本原因である「気晴らしなしの蟄居」の横に並べたときに、にわかにその意味が明らかになるのが「習慣」という言葉です。何もしないよりはなんでもいいからしたほうがいいという意味での「習慣」なのです。

人間は、「気晴らしなしの蟄居」の絶対的な悲惨に本能的に気づいているために、偶然によって選ばれた職業につき、「気晴らしなしの蟄居」という地獄に落ちないようその職業を続けているうちにそれが習慣となり、やがては気晴らしになるのです。

(47)**父親は子供の自然な愛が**消えるのではないかと恐れる。では、消えるかもしれないこの自然性とはいったいなんなのだろう。

**習慣は第二の自然性であり、第一の自然性を破壊する。だが、自然とはなんなのだろう。何ゆえに習慣は自然ではないのか？　わたしはおおいに恐れる。習慣が第二の自然であるように、この自然性も第一の習慣にすぎないことを。**（断章九三）

人間は、動物と違って、本能的に無為という「気晴らしなしの蟄居」を恐れるため（じつをいえば、そのことにさえ気づかずに）、第二の自然たる習慣の力を借りて、気晴らしとしての仕事に就く。では、習慣が第二の自然だとしたら、第一の自然性とはなんなのか？　動物のようになにもせずにじっとしていても不幸にならないことなのか？　このように、思考の連鎖を続けたあげくに、パスカルは、もしかすると第一の自然性というのも習慣にすぎないのではないかという疑念を抱くに至るのです。

(48)

## わたしたちの自然な原理というのは いったいなんなのだろう?

それは習慣づけられた原理にほかならない。そして、子供たちにおいても、自然な原理というのも、動物が狩りを親から受けつぐように、父親の習慣から受けついだものなのである。

とするなら、異なった習慣はわたしたちに異なった自然な原理を与えるにちがいない。それは経験から見て自明である。習慣によって打ち消すことのできない原理というものがある一方で、自然によっても、また第二の習慣によっても打ち消すことのできない自然に反した習慣というものもまた存在する。つまり、すべては気質次第なのである。(断章九二)

「自然な原理」=「習慣づけられた原理」というのはどういう論理運びなのでしょうか? 「動物が狩りを親から受けつぐように」というのがヒントになるでしょう。ネコの動きを見ているとわかるように、ネコ科の動物は動く対象があるとこれに襲いかかる本能がありますす。しかし、その本能だけで狩りはできません。本能に狩りのためのノウハウの取得が加わって初めて狩りが可能になるのです。このノウハウの取得はネコ科動物の親が子供に仕込むもので、子供から見れば獲得された習慣です。こうして獲得された習慣が繰りかえされれば、それは習慣づけられた原理となり、さらに進んで「自然な原理」となるのです。

この点を頭に入れておけば、パスカルが「異なった習慣はわたしたちに異なった自然な原理を与えるにちがいない」といっている意味もわかるはずです。すなわち、「異なった習慣」というのは「異なったかたちでノウハウが獲得されたさまざまな習慣」ということですから、それが繰りかえされて原理になるときには、「異なった自然の原理」となるということなのです。

では、最後の一節はいったい何を意味しているのでしょうか？　これを理解するには、次の断章が役に立つのではないでしょうか？

(49)

**人間の本性とは、まったくの自然である。つまり、《まったくの動物》であるということだ。**(断章九七)

解説不要に見えて、じつは必要なので、この断章については、第13章で別に解説します。

(50)

**わたしたちは、ある現象が**同じように起こるのを見ると、そこから自然の必然性という観念を引き出してしまう。ちょうど、明日という日が必ず来ると思い込むように。だが、しばしば、自然はわたしたちを欺く。そして、自らの規則性に従わない。（断章九一）

これはヒュームが十八世紀に『人間本性論』で展開する経験論に近い立場です。あるいはヒュームはパスカルのこの断章に影響を受けたのかもしれません。

# 第8章　オネットムと言われるようになれ

(51)

**だれでも知っているように、人間、普遍的ではありえないし、すべてのことについて、知りうるすべてを知ることもできない。だから、すべてのことについて少しずつ知っておかなければならないのだ。というのも、ある一つの事柄についてすべて知っているよりも、すべてのことについてなにがしかを知っていることのほうが素晴らしいからだ。こうした普遍性こそが最も素晴らしいことなのである。**（断章三七）

パスカルが生きた十七世紀の文学・芸術・思想の理想は普遍的（ユニヴェルセル）という言葉に要約されます。つまり、真・善・美を追求するのであれば、それは場所や時代を越えたところですべての人類に当てはまるような普遍的な真・善・美でなければならず、一つの時代、一つの地域や国にのみ当てはまるような真・善・美であってはならない、というものです。とくに、この傾向があらわになっているのは、パスカルを含めたモラリストと呼ばれる人たちで、彼らは決して「わたしは」とか「わたしたちは」と書かずに、「人は」と表現しましたが、それはどんなテクストであれ、普遍的でなければならないという思想に基づくものでした。

しかし、パスカルも指摘しているように、普遍的であることが理想であるとしても、すべてのことについて知りうるすべてを知ることは不可能です。となると、選択肢は二つしかありません。

一つは、一つの分野だけに限定し、知りうるすべてのことを知るように努めることです。これは現代が採用している選択肢で、分業体制に基づき、それぞれの分野の専門家がその分野だけに集中してすべてを知ろうとしているのです。しかし、必然的に自分の専門以外は何一つ知らないということになります。いわゆる「専門バカ」と呼ばれる人の存在です。

もう一つの選択肢は、ここでパスカルが与(くみ)しているように、「すべてのことについて少しずつ知って」おくようにすることです。パスカルは、「ある一つの事柄についてすべて知っている」けれども、他の分野のことについては何一つ知らない専門家よりも、こちらのほうがはるかに素晴らしいとしています。

こうしたパスカルの態度は、普遍的であることを理想とした十七世紀という時代の制約によるものと見ることもできます。つまり、分業体制が確立しておらず、専門家というものをいまほど必要としていなかった時代特有の思想であると片付けてしまうことです。

しかし、本当にそうなのでしょうか?

それは、パスカルのいう「すべてのことについて少しずつ知って」いる普遍人が皆無で、ほぼ全員が専門バカである社会というものを想定してみれば明らかです。こうした社会では、いったいだれが総合的判断に基づいて「決定」を行うのでしょうか?

「すべてのことについて何一つ知らない」、普遍人のアンチテーゼのような人が決定を行ってしまうという悪夢のような事態が起こりかねません。いや、すでにこうした悪夢のような事態が起こっているのかもしれません。

(52)**人から、あの人は数学者であるとか説教家であるとか雄弁家であるとかと言われるようではいけない。むしろ、あの人はオネットム（教養人）だと言われるようでなければならない。わたしが欲しいと思うのは、この普遍的な美質だけだ。もし、ある人を見て、その人の著作を思いだすようでは、それは悪い兆候である。**（断章三五）

(51)の断章から必然的に導き出される断章です。普遍的であることを理想とするパスカルからすれば、数学者も説教家も雄弁家も専門バカにしか見えません。普遍的である理想に近いのは、「すべてのことについて少しずつ知って」いる教養人、すなわち、オネットムhonnête hommeだけです。オネットムは専門性において卓越しているのでなく総合性において卓越しているので、彼がたとえ著作をもっている場合でも、その著作ゆえに尊敬されるのではなく、文体にあらわれる総合的な人格によって尊敬されているのです。ですから、「ある人を見て、その人の著作を思いだすようでは」、その人はオネットムではありえませんから、「悪い兆候」なのです。

## (53) 自然な文体に出会うと、人はすっかり驚いて、夢中になる。なぜなら、一人の著者を見ると思っていたところで、一人の人間と出会ったからだ。

（断章二九）

これも前の二つの断章と関係づけて読むことによって正しく理解できる断章です。パスカルが理想とするのは、専門性よりも人間性や人格性が卓越したオネットムです。オネットムも著作を著すことがありますが、その場合には、われわれを魅了するのは「書かれている内容」よりも、「書いている当人の人間性、人格性」で、それは文体に現れるのが常です。読者は、最初、「書かれている内容」を指標にして本を選ぶのですが、それがオネットムの著作である場合には、むしろ、このオネットムの人間性、人格性をよく表現した自然な文体に夢中になるのです。オネットムの著作を読む読者は、個々の著作を越えたその「人間」に惹かれるのです。ファンは人に付き、業績は著作に付くのです。

(54)**あいつは新しいことは**何一つ言っていない、などと非難しないでほしいと思う。というのも、わたしの場合、新しいのは内容の配置の仕方だからだ。ジュ・ド・ポーム（手袋でボールを打つテニス）をするとき、どちらのプレイヤーも同じボールを使うが、一方のプレイヤーのほうがもう一方のプレイヤーよりも巧みにボールを送るものだ。
同じように、わたしとしては、あいつは昔から使われている言葉を使っていると言ってくれるほうがうれしいと思う。同じ言葉でも異なった並べ方をすると別種の思想が生まれるのと同様に、同じ思想であっても、それが異なった並べ方をされると、別の論旨がかたちづくられるものだからだ。（断章二二）

十七世紀の文学・芸術は古典主義と呼ばれますが、この「古典」とは何のことでしょうか？　ルネッサンスによって忘却から蘇ったギリシャ・ラテンの文学・芸術のことです。十七世紀の人々にとって、ギリシャ・ラテンの文学・芸術はそれを乗り越えることのできない絶対的なカノン（美の基準）と映っていました。なぜなら、ギリシャ・ラテンの文学・

芸術ではすべてのことが表現されてしまっていると感じたからです。

では、すべてのことが表現されてしまっている中で、何か新しいものを創造できるのでしょうか?　十七世紀の人々は、できる、と考えました。すべてのことが表現されてしまっているとしても、ありとあらゆる表現がすべて汲み尽くされたわけではないと考えたからです。ひとことでいえば、クリエイトできなくてもアレンジは可能だという思想です。古典主義とは、簡単にいえばアレンジの文学・芸術なのです。

さて、以上の前提を踏まえれば、パスカルがこの断章で述べていることは、典型的な古典主義の思想であることがわかるはずです。

新しいのは内容そのものではなく、「内容の配置の仕方」つまりアレンジメントなのです。昔から使われている同じ言葉を使っても、その並べ方は無限に近くあるのですから、これまでだれも試みたことのない並べ方をすれば、新しい思想は表出可能なのであり、同じ思想でも、これまでだれも試みたことのない並べ方をすれば、別の論旨が生み出されるのです。そして、それこそが「自然な文体」をつくり、一人の著者ではない、一人の人間をつくり出すのです。

(55)**作家によっては、自分の著作について語るとき、「わたしの本、わたしの注釈、わたしの物語」などと言う人がいる。こうした作家はどうもブルジョワ臭がしてならない。すなわち、一戸建を建て、やたらに「拙宅では」と口走りたがる、あのブルジョワが発する臭いがするのだ。彼らはむしろ「わたしたちの本、わたしたちの注釈、わたしたちの物語」と言うべきなのである。なぜならば、概して、彼らの著作には、自分のものよりも他人のもののほうが多く含まれているからだ。**（断章四三）

これを、現代のいわゆるコピペ（コピー&ペースト）に対する非難と解するのは底が浅いかもしれません。なぜなら、パスカルは、(54)の断章で見たように、文学でも芸術でも、「表現されるもの」には何一つ新しいものはない、新しいものがあるとしたら「表現するその仕方」、つまりアレンジメントの技術のみ、という古典主義の立場に立っているからです。いいかえると、コピペ自体が悪いと言っているわけではなく、コピペの仕方、すなわちアレンジメントに何一つ新しいものがないことを非難しているのです。「自分のもの」があ

るとしたら、それはアレンジメントだけです。その部分に「他人のもの」が多かったら、
これは創作とはいえないということなのです。

(56)**話はうまいのだけれども、**書くのがへたな人というのがいる。**それは、話す場所があり、聴衆がいることがその人を熱くし、その人の精神から多くを引き出すからだ。ところが、話す場所や聴衆がいないと、その人は熱くなれないので、精神から何も出てこないのである。**(断章四七)

(53)の断章でパスカルが指摘しているように、ある本を読んで、読者が魅了されるのは、書かれていること、つまり内容であるよりも、その内容をうまく伝えようとする文章アレンジメントの技術、つまり「自然な文体」である場合が多いのです。その理由は、「自然な文体」には、著者の人間性、人格性という総合的な教養、パスカルの言葉でいえばオネットムの要素が強く現れるため、読者はこれに信頼をおき、あたかも、その著者と直接的に「会話」しているような感覚に襲われるからです。

では、こうした「自然な文体」にあらわれるテクスト内の「会話力」というのはどこから来ているのでしょうか?

これが、じつは、この断章で扱われていることなのです。

一般に、テクスト内の「会話力」も、実際の会話を操る力がそのまま転写されたものと考えられがちです。しかし、この二つはあきらかに異なるものなのです。その相違があらわれる理由は、実際のリアルな会話には「話す場所があり、聴衆がいる」のに対し、テクスト内の会話にはそれがないことです。話のうまい人というのは、そうしたリアルな条件に反応して「熱く」なり、自分の「精神から多くを引き出す」ことができる人です。しかし、そうした人は、リアルな条件がなく、すべてがヴァーチャルな要素に依るほかはないテクスト、つまり著作の場合には、ヴァーチャルな対話者というものを想像力によってつくり出すことができないのです。

ところで、このリアル／ヴァーチャルという対比は、パスカルが挙げているのとは逆のケースについても当てはまります。すなわち、書くのがうまい人でも話すのがへたという人もいるということです。これはヴァーチャルな会話には巧みでも、いざリアルな会話になると、相手が目の前にいるという事実に気圧（けお）されて、うまく会話できなくなってしまうからなのです。

## (57) 雄弁——聞いて心地よい要素と真実な要素の両方がなくてはならない。しかし、心地よい要素というのは、それ自体、真実な要素の中から生まれてくるものなのである。（断章一五）

雄弁についても、パスカルの立場は基本的に同じです。つまり、雄弁の独創性や美点は「聞いて心地よい要素」のほう、つまり「話す、その方法」にあるのであって、「話されている内容」そのものは第二義的であるということです。しかし、では、「話す内容」のほうが空疎であったり、真実性に欠けるものであっていいかといえば、決してそんなことはない。話されている内容そのものに価値があるということがそもそもの大前提であり、その上で「話す、その方法」が優れていれば、そのとき初めて雄弁というものが成立する。いいかえると、「話す、その方法」そのものを支えるのは「話されている内容」であるということなのです。つまり、どちらが欠けても雄弁は成立しないということなのです。

## (58) 真の雄弁とは

**雄弁を馬鹿にするものだし、真の道徳は道徳を馬鹿にするものだ。**（中略）**哲学を馬鹿にすることこそが、真に哲学するということである。**（断章四）

(57)の断章の雄弁の定義を踏まえていれば、この断章は理解しやすいはずです。パスカルが「真の雄弁」というとき、それは「話されている内容」に十分な価値があるという前提のうえで、「話す、その方法」も優れているような、内容と形式が釣り合った雄弁を指します。それに対し、ただ「雄弁」とだけいう場合、それは「話されている内容」はあまり価値がなく、「話す、その方法」にだけ美点や独創性があるような「聞いて心地よい要素」だけの雄弁です。したがって、「真の雄弁」はたんなる「雄弁」を馬鹿にする権利があるのです。

同じように、「真の道徳」というのは、内容と実践が一致した道徳であり、たんなる「道徳」はこの二つが一致しない、上辺（うわべ）だけの道徳です。

哲学もまた同様で、「真の哲学」というのは字面だけの哲学ではなく、精神や実践、さらには人の生き方、死に方にまでかかわってくるような哲学で、たんなる「哲学」というのは学校などのアカデミックな環境で教えられているような「哲学」を意味しています。

ちなみに、社会学者のピエール・ブルデューは『パスカル的省察』の中で、パスカルのこの言葉を引いて、自分は断固たるパスカル派であると宣言しています。エコール・ノルマル（高等師範学校）という超エリート校で哲学を学びながら、どうしてもアカデミックな哲学に安住することができず、社会に飛び出して、社会学と人類学と哲学を統一しうるような「人間にかんする科学」を確立しようと努力したブルデューならではの発言だと見なせましょう。

パスカルが、自然を相手とした研究から人間を対象とした研究に転じたのは、学問の一分野でしかないような哲学を馬鹿にするような「真の哲学」、ブルデュー流にいえば「人間にかんする科学」を目指したからにほかならないのです。

# 第9章　想像力って素晴らしい！

(59) **想像力というものは、** **途方もない評価をして、矮小(わいしょう)きわまりないものをわたしたちの魂を満たすほど巨大なものにまで拡大することがある。反対に、大胆な傲岸(ごうがん)さから、偉大なものを自分の寸法にまで縮めてしまうこともある。神について話すときのように。**（断章八四）

パスカルはここで想像力を断罪しているように見えますが、実際には、想像力の途方もない力を描き出しているのであって、想像力そのものを否定しているわけではありません。なぜなら、パスカルは徹底した理性の人でしたが、想像力も豊かで、次の二つの断章に明らかなように、極大宇宙や極小宇宙、さらに二つのコスモスの不思議な関係にまで自由に思いを馳(は)せた人だったからです。ゆえに、この断章は自らの大胆さに対する恐れの表明であると解釈できます。

（60）

**人が自分を取り巻く**　矮小な事物から視線を遠ざけ、全自然をその広大な荘厳のうちに眺めたとする。そして、宇宙を照らすための永遠のランプとして置かれているあの目も眩むような光を凝視したとしよう。すると、地球はこの天体の描く広大な軌道に比して、ただの一つの点にすぎないように見える。さらに、人は驚く。その軌道そのものも、両腕を広げるように広がる天空を回っているもろもろの天体が描く軌道に比べれば、ごく小さな先端にすぎないということに。

　しかし、われわれの視線はそこにとどまるとしても、想像力はもっと遠くへと進んでいく。想像力は、自然が多くを与えるのに倦むよりも先に、自然から与えられるものを頭に入れるのに倦んでしまう。目に見えるこの世界は、自然の豊かな乳房の中では、ほとんど知覚できない一本の線にすぎないからだ。いかなる観念もそれに近づくことはできない。わたしたちが、想像しうるかぎりの空間を超えたところまで、わたしたちの想念を膨らませていったとしても無駄である。わたしたちが生みだすのは、事物の現実に比べたら、原子のようなものでしかないからだ。それは無限の球体であり、中心はどこにでもあるが、円周はどこにもな

**いのだ。要するに、わたしたちの想像力がこうした思いの中で途方に暮れてしまうというこのことこそ、神の全能の感知しうる最大のしるしなのである。**（断章七二）

ここで重要なのは、パスカルが描き出す極大宇宙のイメージが現代の宇宙物理学のそれと合致しているか否かの問題ではありません。読み取るべきは、気晴らしなしに蟄居を強いられたときに、人間が倦怠に陥ったあげくに、不眠の夜に見ることになる虚無のイメージが描かれていることです。

もちろん、その気晴らしなしに蟄居を強いられた人間とはパスカル自身にほかなりません。おそらく、パスカルは父の死をきっかけに陥った鬱（うつ）状態の中で、こうした虚無をかいま見て、恐怖におののき、死さえ願いながら、最終的には、神の全能を確信して、自死の誘惑を断ち切ったものと思われます。

パスカルの極大宇宙のイメージは神の存在証明であったわけなのです。

(61)

**人間に対し、同じくらい**驚くべきもう一つの奇跡を示すには、彼が知っている最も微細なものの中にその奇跡を探させてみるがいい。ここに一匹のダニがいるとしよう。そのダニの極小の体の比べようもなく小さな部分、たとえば関節のついた脚、その脚の血管、その血管の中の血、その血の中のリンパ液などの体液、その体液の中の滴(しずく)、その滴の中の蒸気、というように、どんどん分割していったあげくに最後に残るもの、つまり、人間が最後の力をふりしぼったあげくに得られる極小の観念というものを想定し、人間が到達できるその最後の事物をわたしたちの議論の対象とすることにしよう。人間はおそらく、それこそが自然の中の極小の事物だと思うだろう。だが、わたしはその極小物の中に新たな深淵(しんえん)を見せてやりたくなるのだ。目に見える宇宙だけではなく、自然について人が抱きうるかぎり広大無辺の宇宙を、その縮められた原子の枠(わく)の内側に描きだしてやりたいと思うのだ。すなわち、人は、そこに無限の宇宙を見るだろう。しかも、それらの宇宙はそれぞれの天空を、惑星を、地球を、目に見える世界と同じくらいの大きさで有しているのである。さらに、その地球には、さまざまな動物がいて、ついにはダニを見いだすだろう。そのあげく、そのダニの中に最初の

**ダニが見せてくれたすべてを再び見いだすことになるのだ。こうして、同じようなことが無限に休みなく繰り返されたあげく、その人はこうした驚異のうちに呆然自失することになる。極大において驚嘆したのと同じように極小においても激しく驚嘆して。**（断章七二）

パスカルの想像力は、極大宇宙よりもこの極小宇宙のイメージ化において充分に発揮されています。つまり、パスカルがこの断章を書き留めてから三百年後に現れるＳＦ小説よりもはるかにリアリティの感じられる描写がここでは展開されているのです。

ダニの構成要素を最小に分割したその極小の事物の中にも宇宙があり、その宇宙の中にもダニがいるという入れ子構造的なイメージはむしろユーモアさえ感じさせます。そう、パスカルの文体の魅力の一つにはユーモアがあり、このユーモアが『パンセ』を永遠のものにしているのです。

# 第10章 現在に安住できないのはなぜ？

(62)

**どんなものも、**わたしたちに役立つものでさえ、わたしたちにとって命取りになりかねない。自然の中において、壁がわたしたちを殺すことがある。また、階段も、わたしたちがそれを踏み外せば、わたしたちを殺す。

どれほどわずかな運動も自然全体に影響を及ぼす。大海原も石ころ一つで変化する。このように、恩寵の世界においても、ごくささいな行為があらゆるものに影響を与え、大きな結果を引き起こす。だから、どんなものも重要なのだ。

どんな行為においても、行為そのもののほかにも、わたしたちの現在と過去と未来の状態をしっかりと見極め、それが影響を及ぼすであろう他の状態も調べ、これらすべてのものの関係を見なければならない。そうなると、人は非常に慎重にならざるをえない。（断章五〇五）

パスカルのような厳密な理科的頭脳の持ち主から見れば、現実というのはなんと雑に出来ているのだろうと感じられるはずです。たとえば数学で数字一つを間違えたら答えは出ません。ところが、現実では、数字に一つや二つの間違いがあったとしても、それは誤差のうちで、結果はほぼ同じようなものに終わることが少なくないように感じられます。

しかし、本当にそうだろうかというのがパスカルの疑問です。雑なのは人間だけであって、自然はむしろ厳密なのではなかろうか？　自然の中では、細部が一つ変更になっただけで、最終的にはとてつもない規模の変化がもたらされることもあるというのが真実ではなかろうか？　これがパスカルの感じた疑問です。

わたしたちは自分たちを守るために壁を築くが、その築き方に少しでも誤りがあれば、遅い早いの違いはあっても、その壁に押し潰されて死ぬことがある。「恩寵の世界」、つまり神が創造した被造物たる人間の世界においても、まったく同じことで、どんなささいな行為も、結果的には大きな影響を与えているのだ。だから、わたしたちは時間軸においてその行為が及ぼすであろう結果のことをしっかり計算にいれてから、行動を起こさなければならない。しかし、そうなると、人は簡単には行動を起こせないので、慎重にならざるをえなくなる。これはいいことなのか悪いことなのか？

このように、パスカルは徹底的に考える人なのです。

(63)

## 取るにたらないことがわたしたちを塞ぎ込ませるのと同じ理由で、取るにたらないことがわたしたちの慰めとなる。（断章一三六）

これはほとんどの人が「アル、アル」と、うなずく言葉ではないでしょうか？

他人のことだったら、「なんで、そんなことが気になるの？　理解できない」と処理できてしまうのですが、いざ、自分のことになると、他人からすればどうでもいいような取るにたらないことが気になってしかたがないことがあるのです。

その反対に、ひどく塞いでいるときに赤ん坊の笑顔を見るだけで、急に気塞ぎが直ってしまうこともあるから不思議です。たぶん、これも前の断章と同じような因果律が働いているからなのでしょう。小さな「入力」が大きな「出力」をもたらすという点においては、人間の心理もまったく変わっていないのです。

(64)

**人間の虚しさを** 十分に知ろうと思うならば、恋愛の原因と結果の落差をしっかりと見つめてみるだけでいい。恋愛が始まる原因は、コルネイユ*の言うところの「わたしにはわからない何ものか」であるのに対し、その結果は戦慄すべきものである。この「わたしにはわからない何ものか」、すなわち、人のほとんど認識できないようなかすかなものが、全地球を、王侯たちを、もろもろの軍隊を、全世界を揺り動かすことになるのだ。

クレオパトラの鼻。それがもう少し低かったら、地球の表面はすっかり変わっていただろう。(断章一六二)

*フランスの劇作家。一六〇六~八四

あらゆるパスカルの断章の中で最も有名で引用頻度ナンバーワンなのが、この断章の「クレオパトラの鼻。それがもう少し低かったら、地球の表面はすっかり変わっていただろう」という言葉ですが、これは厳密には正しい翻訳ではありません。なぜなら、原文では「もう少し短かったら」と書かれているからです。では、翻訳で「低い」という形容詞はどうして使われたのでしょうか?

一般に、東洋人の鼻は顔面から突起しているのが普通です。つまり、突起ゆえに、低いとか高いという形容詞が使われるのです。

これに対し、西洋人の鼻は上部は額と同じ位置にあり、そこから少し上向き加減に高くなっています。そのため、日本人が「高い」と形容する鼻は「大きい」あるいは「長い」と形容され、日本人が「低い」と形容する鼻は「小さい」あるいは「短い」と形容されることがあるのです。

しかし、短い鼻というのは日本人にとって理解しにくいので、歴代の翻訳者はみなこれを「低かったら」と訳しているのです。

さて、それはさておき、ここで記憶しておくべきは、クレオパトラの鼻の高低あるいは長短のような入力の「小さな差異」が、たとえそれがカエサルやアントニウスには「認識できないほど些細なこと」であったとしても、じっさいには、その「認識できないほど些細なこと」がカエサルやアントニウスを恋に狂わせ、最終的にローマによるエジプトの征服という「出力」の大きな差異をもたらしたという点です。

逆にいえば、クレオパトラという「入力」における「小さな差異」とは、鼻の高低ないしは長短ではなく、別の何か、「わたしにはわからない何ものか」だったのかもしれませんが、しかし、これをパスカルが譬えとして鼻の高低（長短）を持ち出したことにより、もはや、入力の「小さな差異」とはクレオパトラの鼻の「高低（長短）」以外のものではありえなくなってしまったのです。

これをもってしても、パスカルの言葉の強さというものがよくわかるのではないでしょうか？

(65)
**ロアネーズ殿下[*]は、**よく次のように語っていた。**「理由はあとからやってくる。初めは、なぜか理由がわからないのに、あることが気に入ったり、気に入らなかったりする。とはいえ、それが気に入らなかったのは、あとになってやっとわかった理由によるのだ」。わたしに言わせると、あとになってやっとわかった理由によって気に入らないのではなく、気に入らないからこそ、その理由が見つかるのだ。**（断章二七六）

＊パスカルの親友の大貴族

これを前の断章と比較検討すると、おもしろいことがわかってくるのではないでしょうか？

① 人がある人を好きになったり嫌いになったり、あるいはあることが気に入ったり気に入らなかったりするのは、どちらもほとんど理由がわからない些細な差異からである。

② しかし、好きになったり気に入ったりする理由というのは最後まで「わたしにはわからない何ものか」であることが多いが、嫌いになったり気に入らなかったりする理由は、あとになるとわかる。

③だが、本当は、嫌いだったり気に入らなかったりするからこそ、その理由が見つかるのだ。

④（これはパスカルは明示していませんが）では、好きになったり気に入ったりするなら、その理由が見つかるのかといえば、どうもそうとはいえない。やはり、「わたしにはわからない何ものか」が原因なのだ。

(66)

**わたしたちは、瞬時も**現在に安住することはできない。未来が来るのが遅すぎると感じ、時間の流れを早めるよう、未来を予測したりする。逆に、時間の流れが早すぎるので、それを止めようとするかのように過去を呼び戻そうとする。いずれも無分別きわまりないことである。その結果、わたしたちは、自分のものではない過去と未来の中をさまよい、わたしたちに属する唯一の時間についていささかも考えないことになる。また、こうした努力はじつに空しいものである。そのために、わたしたちは何ものでもない時間のことに思いをはせ、存在する唯一の時間を、よく考えもせずに取り逃がしてしまっているからだ。なぜそんなことをするかといえば、一般に、現在というものはわたしたちを傷つけるからである。現在はわたしたちを悲しくさせるので、それを目に見える範囲から隠しておこうとする。もし、それが楽しいものならば、わたしたちは、現在が逃げ去ることを惜しいと思うだろう。わたしたちは、現在を未来の力を借りて支えようとしているのだ。そして、果たして到達できるのかどうかなんの保証もないときのために、わたしたちは、力では及ばないことをあれこれと工夫しようとしているのである。(断章一七二)

この断章を「現在における小さな入力」→「未来における大きな出力」という先の断章と合わせて考えてみると、パスカルの言っていることの意味が少しはわかってくるのではないでしょうか？

というのも、わたしたちは「現在における小さな入力」→「未来における大きな出力」ということがたとえわかっていたとしても、いや、わかっていればなおさら、現在においてはその「小さな入力」をどうしようかと考えて何もできなくなるのが常だからです。いいかえれば、「わたしたちに属する唯一の時間」である現在をわたしたちは常に取り逃がしてしまう宿命にあるのです。

この絶望感があるために、わたしたちは未来や過去を呼び寄せ、それにすがって生きようとしますが、しかし、現在に生きるわたしたちにとって、過去も未来も自分の時間ではありませんから、これらのことを考えたとしても、それはあまり意味あることとはいえません。唯一、価値のあるのは現在だけなのですが、わたしたちは、結局、そのことをよく考えもせずに決定的な瞬間を取り逃がしてしまうのです。

わたしたちが、なにごとかをなし得るとすれば、現在の「小さな入力」しかありません。ほんらいなら、考えるとしたら、これしかないのです。しかし、「現在の小さな入力」が「未来の大きな出力」を生み出すかを考えるにはわたしたちの能力はあまりに小さすぎます。

そのため、わたしたちは過去や未来といったわたしたちの「力では及ばないこと」ばかりを考えることになるのです。

(67)

**わたしたちは現在について** ほとんど考えることをしない。考えるとすれば、そこから光を取りだして、未来を照らすためである。現在はけっしてわたしたちの目的とはなりえない。過去と現在はわたしたちの手段である。唯一、未来だけがわたしたちの目的なのである。このように、わたしたちは現在を生きているのではけっしてなく、将来生きることを希望しているだけなのだ。そして、いつもいつも幸福になる準備ばかりしているので、現に幸福になることなどできはしないのもまた必然なのである。（断章一七二）

わたしたちが「現在の小さな入力」のことをあれこれと考えるのは、「未来の大きな出力」という目的のためです。というよりも、「未来の大きな出力」だけが目的であり、「現在の小さな入力」はあくまで手段にすぎません。

いいかえれば、わたしたちは「未来の大きな出力」という幸福のことばかり考えているため、「現在の小さな入力」というものが果たして幸福なのか不幸なのかを考える余裕さえありません。ですから、「現在の小さな入力」において幸福になることなどはできないのです。

「未来の大きな出力」のことを考えずに「現在の小さな入力」のことだけを考えて生きることが本当は幸せになるための王道なのかもしれませんが、なかなかそれはできないことなのです。

（68）

## わたしたちの本性（ほんせい）は運動のうちにある。完全な静止は死でしかない。

（断章一二九）

「現在の小さな入力」が「未来の大きな出力」とつながっていないとわかっているなら、あるいはわたしたちも「現在の小さな入力」にだけこだわって、そのこだわりの中に幸福を感じることができるかもしれません。しかし、残念なことにこの二つは連結しているのです。わたしたちは、本性においてつねに運動のうちにあり、「現在の小さな入力」の変化に応じて、「未来の大きな出力」も変わってきます。いいかえると、「現在の小さな入力」は常に変わり、決して同じではありません。なぜなら、常に同じであって動くことがなければ、それは死を意味するからなのです。

# 第11章　「正義」ってなんだろう？

(69)

**なぜわたしを殺すのですか？** ――だって、あなたは川の向こう側に住んでいるのではないのですか？　友よ、もしあなたが川のこちら側に住んでいるのだったら、わたしは殺人者となるでしょう。そして、こんなふうにあなたを殺すのは正しくないことになる。だが、あなたは川の向こう側に住んでいるのだから、わたしは勇者となり、そして、わたしの殺人は正しいということになるのです。（断章二九三）

ウクライナにロシアが攻め込んで、「川」の代わりに「国境線」を置けば、いま、これと同じ内容の会話が交わされているはずです。戦争が起きるたびに、「戦争の大義」ということが叫ばれますが、しかし、実態は、パスカルの言うように、戦争は「川の向こうに住んでいるから」という理由で「あなたを殺す」以外のなにものでもありません。馬鹿げたことです。しかし、この馬鹿げたことのために戦争は起きるし、また戦争の英雄というものが誕生したりするのです。

(70) **わたしたちは、どんな正義でも**不正でも、土地が変わると、その性質もまた変わるということを目にする。緯度が三度違っただけで法解釈がすべて覆ることもあるし、子午線一本が真理を決定することもある。(中略) 川一つが境界を定めるこっけいな正義！ ピレネー山脈のこちら側での真理があちら側では誤謬(ごびゅう)となるのだ。(断章二九四)

これは不変で普遍の正義ないしは理性などなく、すべては自然環境によって生まれる地域的なルール(自然法)とそれを運用する支配者の気まぐれと身勝手、およびそれらが長い年月をかけて定着させた慣習によって極まるということを論じた断章の中の言葉です。

パスカルは、この断章の中で、正義をつくりだすのは慣習であり、その理由は慣習が人々によって受け入れられているという理由以外にはないと論じています。正義は、その根源に立ち返って、この根拠を考えようとすれば、とくに根拠はないという結論になってしまうものなのです。つまり、土地が変われば正義もまた変わるということだけが真実なのです。

## (71) ぼくのもの、君のもの――「この犬はぼくのものだ。ここはぼくがひなたぼっこをする場所だ」とあのかわいそうな子供たちが言っていた。ここにこそ、世界のあらゆる土地の横領の始まりとそのイメージがある。（断章二九五）

子供たちが公園の砂場で遊ぶのを見ていると、このパスカルの言葉が真実なのがよくわかります。一人の子がもう一人の子のオモチャを取り上げると、そのもう一人の子は泣きながら、「それぼくのだ」と所有権を訴えます。すると、オモチャを横取りした子も負けじと、「これぼくのだ」と所有権を主張します。

世界の独裁者の幼児的思考を見るにつけ、こうした子供たちの争いから戦争までの距離は思ったほど遠くはないのです。

（72）**正しいものに人が従うのは** 正しいことで、いちばん力の強いものに人が従うのは必然的なことである。力のない正義は無力である。正義のない力は暴君的である。力のない正義は反対される。なぜなら、いつの時代でも悪人というものはいるからだ。正義のない力は非難される。したがって、正義と力は一緒にしておかなければならない。そのためには、正しいものが強いか、力のあるものが正しいか、どちらかでなければならない。

正義は論議の的になる。力は見てすぐにわかるから、論議する必要はない。このように、正義に力を与えることはできなかった。力は正義に文句を言い、正義は正しくないと言ったからだ。そして、力は正しいのは自分だと言った。そこで、正しいものを力のあるものにすることにできなかったので、力のあるものを正義ということにしたのである。（断章二九八）

ラ・フォンテーヌの『寓話』には、「最強の者の理屈は常にもっとも良い理屈である」という格言があります。この断章でパスカルが述べていることもほほ同じです。

ところで、ここでパスカルが指摘しているように、正義というものは、これが本当の正義だと見分けるには時間もかかりますし、識別のために各人が努力することも必要です。そのため、かならず、これは正義ではないと言う人が出てきます。「正義は論議の的になる」のです。

そのため、正義だけですべてを決めようとするとなかなか決まらないということになります。熟議による民主主義というものが不人気なのはそのためです。

これに対し、力というものは識別が容易です。具体的にいえば、議会における多数派というものや、軍隊や警察を配下においている支配者などです。だれが一番力あるものなのかを論議する必要はありません。見ればだれにでもわかるのです。

ところが、これが不思議なことですが、力ある者は、力ある者というだけでは不満なのです。力ある者もまた自分は正義であると人から認めてもらわなければならないのです。

(73)

**なぜ人は多数派に従うのか？**　**多数派がより正しいからなのか？　否、より強力だからである。なぜ人は昔からある法律や昔からの考えに従うのか？　それらが最も健全であるからなのか？　否、それらがそれぞれ一つしかなく、多様性の根をわたしたちから引き抜いてくれるからである。**（断章三〇一）

これはとても重要な断章です。多数派に従うのは、それがより正しいからではなく、より強力だからであるというのは、前の断章と同じことなのでわかりやすいと思います。しかし、「昔からある法律や昔からの考えに従う」のは、「それらがそれぞれ一つしかなく、多様性の根をわたしたちから引き抜いてくれるからである」というのは少し説明が必要かもしれません。

「昔からある法律や昔からの考え」の中で最もわかりやすいのは、家族にかんする考え方でしょう。なぜなら、家族というものはだれでも「それぞれ一つしか」ないからです。そのため、家族にもさまざまなバリエーションがありうるということには考えが及びません。ところが、実際には、比較の対象を世界的なスケールに転じてみると、家族にはじつにさまざまなバリエーションがあり、そこから発生する家族についての考え方もまた千差万別なのです。ところが、現実にはだれもそのことに気づきもせず、家族は一つしかなく、家族についての考え方もまた一つしかないと思い込んでいるのです。

慣習というものはまさにこうしてわたしたちの思考法を規定し、それに従うしかないと考えてしまうのです。

## (74) 流行は、楽しみをつくるのと同様に、正義もつくる。（断章三〇九）

正義というものについては、時代や環境を超えて普遍的なものはないというのがパスカルの立場です。どんな正義も時代や環境に応じて生まれる相対的なものでしかありません。

このような立場から見ると、正義にも流行があるのです。少し前の時代までは正義だったものが次の時代には正義ではなくなっていることもあるし、その逆に正義とされていなかったものが急に正義になったりもします。

また、正義が外国から輸入されることもありますし、輸出されることもあります。

さらに、時代にも環境にも関係なく、ただ流行だからといって新しい正義が生まれることもあるのです。

# 第12章

# 人間は惨めで偉大な存在である

(75)

**いまここに、鎖に繋がれ、**全員、死刑を宣告されている人がかなりの数いると仮定しよう。その中の何人かは他の人の見ている前で、毎日、処刑されていくようになっている。残された者たちは、処刑される仲間の運命の中に自分たちのそれを見て、残った者同士で苦痛と絶望のうちにたがいに顔を見あわせながら、自分たちの順番が来るのを待っている。これこそが、人間の条件のイメージなのである。(断章一九九)

ハイデガーはパスカルに深い影響を受けた思想家で、『存在と時間』において人間にとって死というものがどのような意味を持つのかを徹底的に考えぬきましたが、そのときに、前提となったのが、パスカルのこの言葉ではなかったかと想像されます。つまり、死は人間にとって経験しえないものであるから、他人の死を見て想像するほかないが、その想像による死こそがあらゆる人間の思想をつくりだすというものです。

ところで、この断章で前提となっている仮定は、「全員、死刑を宣告されて牢獄で鎖につながれている囚人」というものですが、普通に考えると、ほとんどの人間は、自分がこのような存在、つまり死を運命づけられた存在であるとは気づいていません。

しかし、例外もあります。それは気晴らしもなく部屋の中に閉じ込められた場合です。このようなケースでは、人間は自分が死を運命づけられ、自分の順番が来るのを待っている死刑囚と同じであることに気づくのです。

(76)

**死というものは、そのことを考えずに、突然それを受けるほうが耐えやすいものである。これに比べて、死について考えることは、たとえ死の危険がなかったとしてもはるかに耐えがたいものである。**（断章一六六）

前の断章の解説で示したように、気晴らしもなく部屋に閉じ込められている状態が耐えがたいのは、そのような状態にあるとどうしても自分というものの存在について考えざるをえず、その結果、理の当然として、自分という存在の消滅、すなわち死について考えざるをえなくなるからです。そのように、死について考えることは、パスカルの言うように、死ぬ可能性は当面なくても、いやないからこそ、耐えがたいものとなるのです。

(77)**わたしたちは自分自身のことを**ごくわずかにしか知らない。そのため、いたって元気なのに近いうちに死ぬのではないかと考える人がいる。反対に死にかけているのにすこぶる元気だと考える人もいる。そして、やがてくる発熱を感じることもなく、腫瘍(しゅよう)ができかかっていることに気づきもしない。(断章一七五)

人間にとって、死は直接経験することができないものなので、他人の死から想像でこれをイメージするしかありません。そのため、豊かな想像力で死のイメージに過敏に反応する人もいれば、その反対に、想像力欠如で、たとえ死に瀕(ひん)していても、死をイメージすることのできない人もいるのです。死は勇気や倫理の問題ではなく、想像力の問題なのです。

(78)

## 目の前に絶壁があったとしても、

**わたしたちは、それが見えないようにするために、なにかしらの障壁を前方に設け、しかるのちに、安心してその絶壁のほうへ突っ走っていくのである。**（断章一八三）

死を表現したパスカルの言葉の中で最も有名なのがこの断章です。絶壁というのがもちろん死の譬えです。死を運命づけられた人間というものは、絶壁に向かって歩いていく存在のはずですが、そのことに気づいていながら、この事実のことを考えないようにするために、気晴らしという障壁を前方に設け、あたかも、絶壁というものがないかのように振る舞っているということなのです。

## (79)人間は小さなことに対しては敏感であるが、大きなことに対してはひどく鈍感なものである。これこそは、人間の奇妙な倒錯のしるしである。（断章一九八）

前の断章で、「絶壁」と表現されたもの、具体的にいえば「死」こそが人間にとって最も「大きなこと」なのですが、人間は、気晴らしを行って、この「大きなこと」を考えないように努めてきました。考えないから、「大きなこと」に対しては「鈍感」でいられるのです。これに対して、気晴らしのような「小さなこと」に対しては、むしろそのことばかり考えていますから、「敏感」にならざるをえないのです。

死を考えずに気晴らしにふけるという人間の本性（ほんせい）こそが、パスカルにいわせれば「奇妙な倒錯」にほかならないということになるのです。

(80)

**人間の偉大さというのは、人間が自らを惨め（みじ）だと知っている点において非常に大きい。一本の樹木は自分が惨めだということを知らない。**

**したがって、自分が惨めだと思うことは惨めになることだが、自分が惨めだと知ることは偉大になるということなのである。**（断章三九七）

人間の偉大さと惨めさについてのパスカルの考察の根本をなす断章の一つです。これが『パンセ』においてはさまざまなかたちでいいかえられていきます。

惨めさというのは、自分が惨めだと感じたり、そう思ったりすることによって生まれるものですが、それは惨めさを自覚する能力が人間にはあるからにほかならない、とパスカルは議論を運んでいきます。ところで、この惨めさを感じ取る能力、いいかえれば自意識というものが、果たして人間以外にあるのだろうか？　これがパスカルの議論の第二段階です。

パスカルは、一本の樹木にはそうした自分が惨めだと悟る自意識は存在しないとします。

ならば、一本の樹木は惨めではない、しかし、対するに、人間は自分が惨めだと悟ることができるという点において、一本の樹木よりはましである。そして、この自覚が人間の偉大さをつくるのだ。これがパスカルの結論です。

(81) **これらの惨めさそのものが**人間の偉大さの証明となる。それは領主の惨めさであり、王位を剥奪(はくだつ)された王の惨めさである。(断章三九八)

前の断章の続きと考えてください。人間は自分が惨めであるということを知っていることにより、それを知らない人間以外の存在とは異なっているのであり、その点こそが人間の偉大さなのである。つまり、惨めさそのものが人間の偉大さの証明となっているのだ。それは、領地を失った領主、王位を剥奪された王の惨めさであるがゆえに偉大なのだ、とこういう論理運びとなるのです。

（82）**感情がなければ惨めではない。**朽ち果てた家は惨めではない。惨めさというのは人間にのみ言えることだ。（断章三九九）

惨めだと感じることは惨めになることだが、その感情がなければ惨めだと認識することもない。朽ち果てた家は人間がこれを眺めるから惨めの感情が生まれるのであり、朽ち果てた家自体は惨めでもなんでもない。惨めさというのは、それを感じ、認識することのできる人間についてだけいえることなのである。これが、パスカルによる惨めさ認識の構造のバリエーションです。

(83)
## 邪欲そのものの中の人間の偉大さ。

**邪欲の中から、素晴らしい規則性を引きだす術をこころえており、そこから愛のタブローを描きあげたという点において、人間は偉大なのである。**（断章四〇〇）

邪欲というのは聞き馴れない言葉ですが、わかりやすく言えば、性欲のことです。パスカルの論理でいけば、人間は性欲があるから惨めな存在であるが、その惨めさの根本が性欲にあるということを知って、そこから恋愛という愛のタブローをつくり上げたがゆえに惨めではないということになるのです。

(84)**惨めさは偉大さから結論され、**偉大さは惨めさから結論される。

**（中略）ひとことでいえば、人間は自分が惨めであることを知っている。よって、人間は惨めである。実際に、惨めであるものだから。だが、人間はじつに偉大である。なぜなら、悲惨であることを知っているから。**（断章四一六）

この断章を読んだ読者は、パスカルが、人間は惨めであると言いたいのか、偉大であると言いたいのかよくわからなくなると思います。じつは、どちらも正解なのです。

ここがパスカルのレトリックのおもしろいところで、白黒が見方によっていくらでも反転する画像のように、惨めさと偉大さは自意識という見方によって反転する、というのが本当のところでしょう。それは以下の断章からもあきらかです。

(85)
**人間の偉大さは、人間の惨めさから**そのまま引きだされるほどに明白である。なぜなら、動物においては自然なことを人間においては惨めさと呼ぶからだ。われわれは、人間の本性が現在、動物たちの本性と似たものになっているということを認める。だが、まさにそう認めることにより、人間が、より良き本性、つまり、かつては人間に固有のものであったより良き本性から堕(だ)したことが明らかになるのだ。なぜなら、王位を剥奪された王でないかぎり、だれが王でないことを不幸に感じるだろうか？（断章四〇九）

パスカルが得意とする「王位を剥奪された王」の譬えが説明されている断章です。パスカルは、惨めさを感じないでいられるものの譬えとして、一本の樹木や朽ち果てた家を挙げていますが、ここでは、動物もまた自意識を持たないとされているため、同じように自分の惨めさを感じることのない存在の中に組み入れられています。そして、その範疇(はんちゅう)を広げて、もしかすると、いまや、人間の中にも動物の本性に近い人間もいるかもしれないから、そうした、自分の惨めさを自覚しない人間もありえることを認めます。

しかし、例によって、ここで、パスカルは白黒画像の反転を試みます。すなわち、現在は人間の本性が動物のそれと似たものになってきていると認める、そのこと自体が、人間にはかつては動物とは違って自分は惨めだと自覚できる良き本性があったことの証拠になるのではないかという論法です。人間は王位を剥奪された王のようなものだという比喩はまさにここから生まれてくるのです。

(86)

**人間に対し、その偉大さを教えずに、**人間がどれほどけものに等しいかを見せてばかりいるのは危険である。しかし、その卑小さを教えないで偉大さを見せつけすぎるのはもっと危険である。偉大さも卑小さもどちらも知らせないのはさらに危険である。だが、偉大さと卑小さの両方を見せてやるのはとても有益である。

人間が自分はけものに等しいと思うのも、また天使に等しいと思うのも避けるべきである。どちらも知らないのもいけない。むしろ、どちらも知るようにすべきなのである。（断章四一八）

人間は卑小で、惨めな存在であると同時に偉大な存在でもあると考えるのがパスカルの思想的立場ですが、この観点は教育においても貫徹しています。パスカルはジャンセニストたちが運営するポール・ロワイヤル修道院で、寄宿生の教育にも関与していましたから、教育はどのように行うべきかということについて意見をもっていました。その意見がこの断章です。

つまり、教育においては、人間の偉大さばかりを教えるのも、卑小さ、惨めさばかりを教えるのもともに良くないとします。なぜなら、この二つは、これまで見てきたように認識の仕方で容易に白黒反転するからです。偉大さと卑小さ、この二つの両方を知らせてやるのが真の教育というものだということなのです。

# 第13章

# 人間は考える一本の葦である

(87)
## 人間というものは、どう見ても、考えるために創られている。

考えることが人間の尊厳のすべてなのだ。人間の価値のすべて、その義務のすべては、正しく考えることにある。ところで、考えるということは、自分自身から始めるのが順序だ。言いかえると、自分自身を創った創造主とその目的から考えはじめるのが正しい順序なのである。

ところが、世間の人は何を考えているのだろう？　少なくとも、いま言ったようなことはけっして考えない。ダンスをしたり、リュートを弾いたり、歌を歌ったり、詩をつくったり、鉄環(てっかん)取りの遊び（馬を走らせ、槍の先で鉄製の輪を取る遊び）をすることしか考えていない。さらには、戦ったり、王になったりすることを考える。王とは何か、そして、人間とは何かなどはいっさい考えることもない。

（断章一四六）

人間は悲惨であると同時に偉大であるとしたパスカルは、この断章では、その偉大さの淵源を求め、考えることにこそ人間の偉大さを導く人間の尊厳があるとします。人間は考えるゆえに価値があるのです。

　では、考えるとはどのような順序で行うのが正しいかといえば、それは人間を創った創造主（神）とその目的から考え始めるのが道理であると展開します。このあたりには、『パンセ』を神の存在証明としようとするパスカルの意図が見えますが、そこから、一転して、議論は、現代の人間はいかに考えないかという方向に進んでいきます。つまり、考えないためにさまざまな気晴らしにふけるという回路へと接続するのです。

## (88) 考えることが人間の偉大さをつくる。（断章三四六）

この問題こそが、『パンセ』の最大の問題提起です。以下は、この主張を証明するための議論です。

(89) **わたしは手もなく足もない** 人間を想像することができる。なぜなら、足よりも頭が必要だと、経験が教えてくれるからだ。だが、わたしは考えることのない人間というものを想像することはできない。それは石か、さもなければ、けだものだろう。（断章三三九）

人間は考えるために創られているという主張の証明です。考えることが人間のすべてなら、それがない人間というのは、モノか獣（けもの）にすぎないということになります。

⑼ **人間の本性とは、まったくの自然である。つまり、《まったくの動物》であるということだ。**（断章九七）

ブランシュヴィック版（「「あとがき」にかえて」参照）では、［自然］の項目に置かれているため、なんだか当たり前のことが述べられているような感じがする断章ですが、これをこうして「人間の本性」の項目に置き直してみると、とたんに、その意味がはっきりと際立ってくるのではないでしょうか？

すなわち、人間は、その本性からして考えるために創られているはずなのに、実際には、まったく考えることをせず、ひたすら気晴らしに興じている人がいるのは、じつは、人間はたんに堕落しているからというのではなく、人間は本性からして「まったくの動物」であるのかもしれないという問いかけなのではないでしょうか？

ひとことでいえば、人間の本性は、「まったくの動物」として悲惨そのもの、卑小そのものであると同時に、考える存在として、偉大そのものにもなりえるとする、例の白黒反転レトリックを示す前置きとして、この断章は書かれたのではないでしょうか？

(91)

**考えることはしたがって、**その本性からして称賛さるべきであり、比類のないものである。考えるということが蔑まれるには、それによほど異常な欠点がなければならないことになる。で、本当はどうかというと、じつに多くの欠点があり、これ以上に滑稽なものはないほどである。考えることというのは、その本性からしてなんと偉大であり、その欠点という点で、なんと卑しいものなのだろう。（断章三六五）

人間は卑小であると同時に偉大であるという主張を、人間は考えるために創られたという観点を導入することによって、言い換えたものです。考えることが人間の偉大さを生み出すとするなら、考えることが蔑まれることがあるのは、考えるということに異常な欠点が存するということを意味する。で、実際はどうかといえば、考えるということには多くの欠点がある。よって、考えるということ自体は、本来なら偉大なことであるが、その欠点においては、じつに卑小なものなのである。これがパスカルの演繹の筋道です。

(92)

**人間は一本の葦にすぎない。** 自然の中でも最も弱いものの一つである。しかし、それは考える葦なのだ。人間を押し潰すためには、全宇宙が武装する必要はない。蒸気や一滴の水でさえ人間を殺すに足りる。しかし、たとえ宇宙が人間を押し潰したとしても、人間は自分を殺す宇宙よりも気高いと言える。なぜならば、人間は自分が死ぬことを、また宇宙のほうが自分よりも優位だということを知っているからだ。宇宙はこうしたことを何も知らない。

だから、わたしたちの尊厳は、すべてこれ、考えることの中に存する。わたしたちはその考えるというところから立ち上がらなければならないのであり、わたしたちが満たす術を知らない空間や時間から立ち上がるのではないのだ。ゆえに、よく考えるよう努力しよう。ここに道徳の原理があるのだ。(断章三四七)

『パンセ』の中で一番有名な断章です。パスカルは他の断章でも、人間は卑小であると同時に偉大であるが、それは考えるために創られた存在であるからと主張してきました。

しかし、いかにこの主張が正しく説得的であったとしても、もしパスカルがこの断章で用いた比喩、すなわち、人間という存在を譬えるのに「考える葦」という比喩を思いつかなかったとしたら、『パンセ』が果たしてここまで広く人口に膾炙したかどうか疑問です。つまり、パスカルは、卑小にして偉大、そして、考えることによってのみ価値を有する人間を「考える一本の葦」という言葉でイメージ的に凝縮することで、自分の思想を見事に表出することに成功したのです。

# 第14章 だから神は存在する

(93)**わたしはデカルトを許すことはできない。**彼はそのすべての哲学の中で、できるものなら神なしで済ませたいと思っている。彼は世界を動かすために神に爪（つめ）を弾（はじ）かせたが、それは仕方なしにやったのであり、そのあとは、もう神は用なしなのだ。（断章七七）

人間の尊厳のすべては考えることにあるとする点では、パスカルとデカルトは完全に一致しています。しかし、「その先」、つまり、なぜ人間は考える存在であるのか、そしてそうした存在であるがために卑小さと偉大さを両方とも持つ存在となったのかという「存在の理由」となると、両者は袂（たもと）を分かつことになります。実際、パスカルは一六四七年、二十四歳のときに、五十一歳のデカルトと会見し、主に真空の証明などの科学的な話題について意見を交換しましたが、パスカルはデカルトの科学者としての偉大さを認めながらも、その考え方に全面的に賛成することはできなかったようです。

では、どのような点において両者は意見を異にしたのでしょうか?

それは理性についての考え方です。デカルトはすべての問題は、神の存在証明でさえも、理性によって解決できると考えていました。対するに、パスカルは神は理性だけではなく、心によっても感得することができなければならないと考えていたのです。そのため、この断章にあるように、パスカルは、デカルトにとって神などは世界の存在証明のスターター（世界を動かすために爪で弾くこと）にすぎず、それが終われば、もう神などいらないのだと言って憤（いきどお）っていたのです。

この本では省略しましたが、「二つの行き過ぎ。理性を排除すること、理性しか認めないこと」という断章二五三は、パスカルの立場をよく表しています。

もっとも、この断章を『パンセ』の中に含めているのはブランシュヴィック版だけで、ラフューマ版にもセリエ版にも（「あとがき」にかえて」参照）含まれてはいません。ただ、『パンセ』に含まれていなくても、以下の断章を読めば、神についてデカルトとパスカルが違う考えをしていたことは明らかなのです。

(94)

**神が存在するということは** **理解不可能であるが、神が存在しないということも理解不可能である。魂が肉体とともにあるということも、わたしたちが魂を持たないということも理解不可能である。世界が創造されたということも、世界が創造されないということも理解不可能である。原罪があるということも、原罪がないということも理解不可能である。**（断章二三〇）

この断章もまた、パスカルの独特の思考が貫かれている断章です。パスカルは、理性によって神の存在が証明できるというデカルトの立場を意識して、神の存在は、実際には理解不可能であるとします。しかし、同時に、神が存在しないということも理解不可能なのです。

パスカルは神学論争の論点である、魂と肉体の問題、世界の創造の問題、原罪の問題などをとりあげ、同じように、どちらの立場も理解不可能であるとします。しかし、まさにこのどちらも理解不可能というのがパスカルの特異なレトリックなのです。

(95)**わたしたちはある種の無限が存在している**ことを知っているが、その性質については知らない。わたしたちは数が有限であるということは誤りであるのを知っているがゆえに。数においてはある種の無限が存在しているのは真であるとわかる。だが、その無限とは何かは知らない。無限が偶数であるというのは誤りである。無限が奇数であるというのも誤りである。なぜなら、無限に一を加えても、それは性質をまったく変えないからだ。とはいえ、それはある種の数であり、そして、どんな数も偶数か奇数かである（それはたしかに有限なあらゆる数について了解されていることではあるが）。ことほどさように、人は神がなんであるかを知らずとも、ある種の神が存在することを知ることができるのである。（断章二三三）

ここでは、代数学の証明の仕方を用いて、パスカルは、神は理解不可能であっても、その存在を知ることができるというかたちに証明を進めていきます。すなわち、無限は奇数か偶数かはわからないが、それがある種の数であることは確かで、偶数か奇数かのどちらかであることも明らかであるとし、同じように、神がなんであるかを知らずとも、ある種の神が存在していることは理解できるとするのです。

## ⑼ 神を知ることと神を愛することの距離、それはなんと遠いのだろうか！（断章二八〇）

デカルトは理性だけで神の存在を証明できると考えましたが、パスカルは神を心で感じ取ることができなければ、理性で理解できても、それは意味がないとしました。そして、心で神を感じ取ることを「神を愛する」と表現したのです。

(97)

**さて、それではこの点を検討し、**「神は存在するか、あるいは存在しないか」と言ってみよう。しかしそれにしても、いったいどちらの選択に加担したらいいのだろう？　理性では何一つ決めることはできない。どちらかを選びとらねばならないことになったわたしたちのあいだには無限のカオスが存在している。この無限の距離の果てで賭(かけ)はなされ、表か裏が出るのである。あなたはどちらに賭けるのだろうか？　理性を用いたのでは、あなたはどちらにも賭けることはできない。理性を用いたのでは、あなたはどちらも弁護することはできないのだ。

だから、どちらかを選びとった人に対して、それは誤った選択だと責めてはいけない。なぜなら、あなたもそのことについては何一つ知りはしないからだ。そうなのだ。誤りか否かはわからないのである。ただ、わたしだったら、選択をすでにしてしまったことを責めるだろう。表か裏かどちらかの選択をしたことではなく、選択そのものをしたことをである。というのも、表を選んだ人も裏を選んだ人も同じような誤りを犯している以上、両者とも誤っているのである。正しいのは、どちらにも賭けないことなのだ。

なるほど、よくわかった。しかし、それでもなお賭けなければならないのである。意志で決められるというようなものではないのだ。あなたはもう船に乗り込んでしまったのだ。さあ、どうする、あなただったら、どちらを選ぶだろうか？

すこし考えてみよう。どちらかを選ばなければならないのだから、どちらがあなたにとって損害が少ないかを調べてみよう。あなたには失うものが二つある。真実と善である。また賭けるはずのものも二つある。あなたの理性と意志、すなわち、あなたの知識とあなたの至福（永遠の幸福）である。一方、あなたの本性は避けるべきものとして二つのものを持っている。誤りと悲惨である。どっちみち選択しなければならない以上、これよりもあちらというかたちで選ぶしかないので、（第一の賭け金である）あなたの理性がより傷つけられるということはない。さあ、これで理性という点はクリアーできた。では、（第二の賭け金である）あなたの至福はどうだろう？　神が存在するというほうを表として、損得を計算してみよう。すなわち、次の二つの場合の見積もりを出してみるのである。もしあなたが勝ったら、あなたはすべてを手にいれることができる。あなたが負けた場合も、何一つ失うことはない。だから、神が存在するほうに賭けなければならな

**い。ためらう必要はない。いや、素晴らしいことではないだろうか。**（断章二三三）

有名な「神の存在についての賭けの損得勘定」の断章です。ここで、前提となっているのは、理性では神の存在証明は不可能だということです。つまり、神が存在するか存在しないかを理性を用いていくら考えても、結論は出ない以上、賭けはしないのが一番いいという立場もありうるとパスカルはまず譲歩します。

しかし、パスカルは、次に、人間として生まれてしまった以上、もう船に乗りこんでしまっているのだから、賭けはしないでいることはできないと切り込みます。そして、神が存在するか否かについて賭けをする場合、賭け金となるはずのものとして理性あるいは知識、および意志ないしは至福を挙げてから、その損得勘定の計算に入りますが、ここで注意すべきは、「至福」とわたしが訳しておいた《béatitude》という言葉です。

というのも、この言葉はカトリックの用語では、聖人の次の位階である福者béatに選ばれた死者が天国で永遠に享受する完全なる幸福という意味で、普通レベルの幸福とは一桁も二桁も違うものだからです。

この点を頭に入れておいて、この引用の続きを見てみると、パスカルはおおよそ次のようなことを述べているのです。

まず認識すべきは、賭けに勝つのも負けるのも確率は同じであることだ。

次いで、賭け金が生命二つ分だとしたら、それでも賭けてかまわない。

だが、賭け金が生命三つ分だったら、どうなるか？　この場合には絶対に賭けるべきである。もし賭けないとしたら、それは無分別というものである。

さて、このパスカルの議論における三つ分の生命の代わりに、「神の存在についての賭け」で賭け金とされている至福、つまり「天国で永遠に享受する完全なる幸福」を置いたらどうでしょう？

「もしあなたが勝ったら、あなたはすべてを手にいれることができる。あなたが負けた場合も、何一つ失うことはない。だから、神が存在するほうに賭けなければならない。ためらう必要はない」という結語がにわかにリアリティをもってくるのではないでしょうか？

(98)**それでは、わたしたちに向かって、**この渇望とこの無力が叫んでいるものはいったいなんなのであろうか？　それは、次のように考える以外にない。かつて人間の中には、真の幸福が存在していた。だが、いまはそのしるし、空虚な痕跡しか残されていない。その空虚を人間は自分の周りにあるものならどんなものを使っても満たそうとするが、無駄である。存在するものから得られない助けを、存在しないものから引きだそうとするが、それらのものは助けることなど不可能なものばかりだ。なぜなら、この無限の深淵を埋めることができるとしたら、それは無限で不動のもの、すなわち、神自身によるしかないからである。（断章四二五）

この断章も、至福（福者が天国で永遠に享受できる完全なる幸福）という観念によって幸福という言葉を理解すると、とたんにわかりやすくなるのではないでしょうか？　人間が神とともにあったアダムとエヴァ以前の楽園においては、人間はこの至福で満たされていたのですが、アダムとエヴァの堕落以後は、人間の心には、至福の占めていた巨大なクレーターのような痕跡しか残されていません。

人間は、自分の周りにあるものを片端からこの空隙（くうげき）に投げ込んで満たそうとしますが、なにしろ、空隙はもともと至福が入っていたものですから、無理に決まっているのです。至福が入っていた空隙を満たせるものとしては、神自身によるものしかないのです。

(99) **わたしたちは真実を希求し、**それでいて、わたしたちのうちに見いだすのは不確かさだけである。わたしたちは幸せを探しもとめ、そのあげく、見いだすのは悲惨と死だけである。わたしたちは真実と幸福を希求しないわけにはいかないが、確実さも幸せも手にいれることはできない。そして、この欲求だけがわたしたちに残される。それはわたしたちを罰するためのものであると同時に、わたしたちがどこから墜落(ついらく)してきたかを知らせるためでもある。（断章四三七）

この断章の前半は、至福が占めていた空隙について論じた前の断章とほぼ同じです。ところが最後の一文に至って、論調は一変し、悲惨と偉大さの白黒反転、および王位を剝奪された王と同じレトリックになります。つまり、人間は真実や幸福を求めたあげく、見いだすのは悲惨と死だけだが、その欲求の大きさにより、墜落した距離の大きさを悟るというこの構造は、王位を奪われたがゆえに王であったことを知るという構造とまったく同じなのです。

(100)

**わたしはといえば、キリスト教が人間の本性は堕落（だらく）しており、神のもとから失墜（しっつい）したのだという原理を気づかせてくれたとたんに開眼し、いたるところにこの真実の性質を見たということをはっきりと告白する。なぜなら、自然というものはいたるところに、すなわち人間の内にも外にも、失われた神を、そして一つの堕落した本性を明示しているからだ。**（断章四四一）

この断章は、パスカルがこれまで展開してきたあらゆる論証のレトリックの総括になるもので、この総括を読むことにより、キリスト教の説く原罪をパスカルがどのようにして理解しているかが正しく理解できるのです。つまり、人間における堕落した本性そのものが、欠如としての神の大きさを示しており、これこそが神の存在証明となっているということなのです。

事実、『パンセ』は、「「まえがき」にかえて」で示したように、「まったく相手にそうと気づかれないように自分の考えを吹き込み、相手に自分でその考えを仕向け」るようにして、読者を神の存在証明へと誘（いざな）うことを目的とした護教の書になる、はずでした。そう、もし、パスカルがもう少し長生きして、メモ用紙のような紙切れに走り書きされていたそれぞれの断章を自分の構想した通りに組み合わせて、論旨の一貫した書物にするための時間が残されていたとしたら、『パンセ』は史上最強の『キリスト教擁護論』となったはずなのです。

しかし、現実には、そうはなりませんでした。パスカルの早すぎる死によって残されたのは、メモ用紙を鋏（はさみ）で切ったり、あるいはいくつかまとめて別の紙に張ったりして整理したものの片端に穴をあけてその穴に紐を通してまとめた六十一ないしは六十二のユニットだけでした。

そして、なんとも逆説的なことに、ユニットにまとめられてはいるものの、基本的にはまだ構造を成すようにはなっていないバラバラな断章が、そのままのかたちで、あるいは編者の意図によって別様にまとめられることにより、パスカルの意図したのとはまったく違った効果をもって多くの人々の胸を打つに至ったのです。

ひとことでいえば、『パンセ』は未完成であるがゆえに、パスカルが生きた十七世紀という時代をはるかに超えて、二十一世紀のわたしたちの心を捉えてやまないことになったのです。

「『パンセ』の断章＋私のコメント」は、一〇〇というきりのよい数に収めましたが、『パンセ』には、他にも非常に重要な断章があり、これらを省くことはできないと判断したので、ここにコメントなしで、「民衆の意見の健全さと不健全さ」および「裏側の思考」としてまとめられる断章を掲げておきます。

## ①民衆の意見の健全さと不健全さ

王たちの権力は、民衆の理性と愚劣さに基礎を置いている。どちらかと言えば、愚劣さの上に立つ要素がはるかに大きい。この世で最も偉大で重要なものが、弱さを基礎にしているのである。ところが、この基礎は素晴らしく確かなものだ。なぜなら、民衆は弱いということ以上に確かなことはないからだ。健全なる理性、たとえば知性の尊重といったたぐいの上に基礎を置いているものは、はなはだ座りが悪い。（断章三三〇）

民衆の意見の健全さ——立派な身なりをしているということはそれほど空しいことではない。というのも、それは非常に多くの人が自分のために働いてくれる証拠だからである。たとえば、見事な髪は従僕や香水係がいることの証明だし、その胸飾りや糸やレースは……。ところで、多くの人手を養っているということは、たんなる見せかけでもないし、馬具のようなものでもない。養っている人手が多ければ多いほど、その人は強いのである。立派な身なりをするということは力の誇示なのである。（断章三一六）

世間の人が、内的な性質によってでなく、外的なものによって人を区別するのは正しいことである！　わたしたち二人のうちどちらが先に通るべきか？　どちらが席を譲るべきか？　無能なほうだろうか？　だが、わたしとて彼に劣らず有能である。その点に関しては闘わなければならない。彼には従僕が四人いる。わたしには一人しかいない。それははっきりと目につく。それを考慮すべきである。譲るべきはわたしであり、もしそれに抗議するようであれば、わたしは愚か者と

いうことになる。このようにしてわたしたちは平和を保っている。これこそが最大の幸福なのである。（断章三一九）

民衆の意見の健全さ——災厄の最たるものは内戦である。もし、価値に応じて報いようとすれば、内戦は必至である。というのも、全員が自分こそ報いられるだけの価値があると言い張るだろうから。世襲によって相続する愚か者について恐れなければならない災厄は、内戦ほどに大きくはないし、それほどに必至でもない。（断章三一三）

世の中で最も不合理なことが、人間がおかしくなっているために、最も合理的なことになることがある。たとえば、一国を統治するのに、王妃の長男を選ぶという選択法ほど非合理なことはない。船の舵取りを任せるのに、船客の中で最も家柄のいい者を選んだりしないのと同じことだ。そのような法律は笑うべきだし、不正でもある。ところが、人間というのは笑うべき存在であり、不正であり、しかも常にそうなので、結果、その法律が合理的となり、公正となってしまうのでである。というのも、だれかを統治者として選ぶこととなり、最も有徳で有能な者を選ぶべしということになったら、たちまち戦いになってしまうからだ。だから、最も疑う余地のない者を選ぶのがいいということになる。彼は王の長男である。それは歴然としていて、議論の余地がない。理性はこれ以上の解決策は見いだしえない。なぜなら、内戦こそ最大の災いであるからだ。（断章三二〇の二）

民衆はいたって健全な意見を持っている。たとえば、
①詩よりも気晴らしや狩りを選んだということ。生半可な識者はこのことを馬鹿にし、そうした点に世間の愚かさを指摘して得意がっているが、彼らには見抜けない理由によって、民衆は正しいのである。
②爵位とか財産といった外見的なものにより人間を識別しようとする点で、民衆は正しい。生半可な識者はそれがどれほど非合理であるかを示して得意がるが、じつは、それはきわめて合理的なのである。
③頬に平手打ちを食らったといって憤慨することでも、あるいはあれほどに栄光

をほしがることでも、民衆は正しい。ただし、正しいといっても、それはこうしたことと結びついている他の本質的な利益があるゆえにたいへん望ましいものなのである。というのも、平手打ちを食らっても恨みをいだかないような男は人から罵倒され、困窮に押し潰されてしまうからである。

④不確かなもののために働くことでも民衆は正しい。船で海に乗りだしたり、一枚の板の上を渡ったりすることでも、民衆は正しい。（断章三二四）

諸現象の理由——ゆえに、世間の人全員が幻影のうちにあるというのは正しい。なぜなら、民衆の意見は健全だとしても、民衆の頭の中において健全なのではないからだ。なぜなら、民衆は真実がないところに真実があると考えているからだ。真実はたしかに民衆の意見の中にあるが、彼らがそう思っているようなところにはない。貴族を敬わなければならないのは確かだが、生まれというものが本当に良きものであるからではない。（断章三三五）

## ②裏側の思考

諸現象の理由——裏側の思考を持たなければならない。そして、民衆と同じように語りながらも、すべてを、その裏側の思考によって判断しなければならない。

（断章三三六）

諸現象の理由——正から反への絶えざる反転。

わたしたちは、人間が、いささかも本質的でない事柄を尊重しているという理由をもって、空しい存在であることを例証した。そして、いささかも本質的でない意見はすべて論破した。ついで、こうした意見はすべてとても健全であることを例証し、こうすることで、これらの空しいことすべてには十分根拠があることを例証した。民衆は人が言うほど空しくはないのである。こうして、民衆の意見を論破した意見を論破した。

だが、今度は、この民衆の意見を論破した意見を論破した意見を、さらに論破しなければならない。そして、民衆の意見が健全であるにもかかわらず、民衆が空しいということは、やはり本当であることを証明しなければならない。なぜなら、民衆は真実があるところにおいて真実に気づくことはなく、真実のないところに真実を置いているがゆえに、民衆の意見はつねに大きく誤っており、きわめて不健全であるからだ。（断章三二八）

諸現象の理由——段落。民衆は、高貴な生まれの人々を敬う。中途半端な知識の持ち主は、生まれというものはその人の優位さではなく、偶然の産物にすぎないと言って、高貴な生まれの人を軽蔑する。真に知識あるものは、民衆の考えによるのではなく、裏側の考えによって高貴な生まれの人々を敬う。知識より信仰にすがる信者たちは、真に知識ある人たちが高貴な生まれの人たちを敬っている理由を知っていながら、彼らを軽蔑する。なぜなら、彼らは信仰が彼らに与える新しい光によって判断するからである。だが、完璧なキリスト教徒はより上位の光によって高貴な生まれの人たちを敬う。このようにして、意見は正から反へと繋がっていくのである。人の光の量に応じて。（断章三三七）

## 「あとがき」にかえて

この「あとがき」という場を借りて、本書がどのようにして成り立ったかをお話ししておきたいと思います。

本書がつくられるきっかけになったのは、NHKテレビテキスト「100分de名著 パスカル パンセ」が書籍化されたさいに編集を担当されたNHK出版の加藤剛さんが、私がテレビテキストとほぼ同時期に出した翻訳『パスカル パンセ抄』(飛鳥新社)を読まれ、そこから新しいタイプの本を構想されたことによります。

というのも、『パスカル パンセ抄』は、従来の『パンセ』の翻訳とは異なって、まったく私独自の選択と配列によって組み替えられた、いわば私自身の解釈による『パンセ』のアンソロジーだったわけですが、加藤さんはどうやら、この選択と配列というアンソロジー的作業に触発されたようで、『パスカル パンセ抄』が絶版・品切れ状態になっていたのを機に私が昨年、これをNHK出版から文庫や新書のかたちで再版されたらともちかけると、逆に次のようなプランを提案されたのです。

すなわち、『パンセ』が現代の日本の読者により身近に感じられるように、加藤さんが『パスカル　パンセ抄』の中から選び出した一〇〇の断章を十四の章にまとめたものに対し、私が検討を加え、選択と配列をやり直してから、一〇〇の断章のすべてにコメントをつけて、パスカルの思想が読者にとって理解しやすいようにする、というものです。

私はこれを非常に面白いと思いました。選択と配列という要素は、『パンセ』の本質と深くかかわっているからです。しかし、いきなり選択と配列と言われても、読者はなんのことかわからないでしょうから、少し解説を加えておきましょう。

一つは、パスカル自身が、選択と配列を言葉やテクストさらには文章の根本を成す原理であると考えていたことです。

本書の第8章「オネットムと言われるようになれ」に含めた(54)の断章の最後でパスカルはこんなことを指摘しています。

「同じ言葉でも異なった並べ方をすると別種の思想が生まれるのと同様に、同じ思想であっても、それが異なった並べ方をされると、別の論旨がかたちづくられる」

また、『パスカル　パンセ抄』には採用しなかった別の断章では次のようなことを述べています。

「言葉は、配列を変えると、違った意味を生みだし、意味は、配列を変えると、違った効果を生みだす」（断章二三）

「同じ意味であっても、それを表現する言葉によって変化が生まれる。意味が言葉に品位を与えるのではなく、反対に、意味が言葉から品位を受け取るのである。そんな例を探さなければならない」（断章五〇）

「言語というのは暗号のようなものである。そこでは文字は置き換えられないが、単語は置き換えられる。したがって、未知の言語もまた解読可能なのである」（断章四五）

ようするに、パスカルにとっては、選択と配列は、自らの思想の根幹を成す大きな問題であり、さらに言うなら思想そのものであると断言しても決して言い過ぎではないのです。しかし、より重要なのは、『パンセ』という書物そのものの成り立ちもまた選択と配列という要素と切っても切れない関係にあることです。これが選択と配列についての第二の大きな問題です。

一六六二年八月、パスカルは三十九歳の若さで死去しました。そのとき、遺品にはパスカルが一六五六年にもう一つの代表作である『プロヴァンシアル』を上梓した直後から書き始めたとおぼしきかなり多くの未定稿が残されていました。その未定稿を調べた家族と友人たちは、愕然としました。彼らは、パスカルが生前にキリスト教の護教論を執筆したいと言っていたことを覚えていましたから、最初、未定稿を整理すれば、護教論を編纂しえると考えたのですが、この期待は見事に裏切られます。というのは、彼らが発見したのはまったく無秩序にしか見えない断章の山でしかなかったからです。

そのため出版をあきらめかけましたが、パスカルを知る知人たちから強い要望がだされましたので、これに応えるかたちで、未定稿の出版を決意しました。これが一六七〇年に『死後、書類の中から発見された、宗教およびその他の若干の主題に関するパスカル氏のパンセ』というタイトルで出版された、いわゆる「ポール・ロワイヤル版」の『パンセ』です。

これは、パスカルが残した断章そのものには手を加えないが（実際にはかなり加えていました）、断章の選択と配列は編者たちの責任で行うという方針で編纂されました。そのときの選択と配列の基準は、論旨が明確で完成度の高い草稿はほぼそのまま採用し（つまり、そうでないものは選択せず）、それらを、パスカルが構想していた護教論を推測しうるような秩序にしたがって三十二の主題別に配列するというものでした。ひとことでいえば、編者によるアンソロジーでした。

ところで、遺族と友人たちは、「ポール・ロワイヤル版」の刊行に当たって、こうしたアンソロジー的編集が読者から「現場を荒らした」と批判されることを恐れたため、いわば現認報告書のようなドキュメントを作成していました。それが「ポール・ロワイヤル版」での序文で「写本」と呼ばれているものです。

じつは、パスカルは生前、未定稿の断章を鋏で切り、これを大きな紙に糊で張り付けてアレンジした草稿台紙の端に穴を開け、その穴に紐を通して、他の草稿台紙とともにユニットをつくっていたのです。これが四十ユニットほど残されていたのです。ほかに冊子のかたちのものや、ただの紙の束のものもありました。これらもユニットとして数えると、その数は六十二に上ります。パスカルはそれらユニットのうち二十七に表題をつけ、これらを後に護教論の体裁になるよう配列するつもりだったようです。

「ポール・ロワイヤル版」の編者たちはこれらのユニットを一切手を加えることなく、そのまま写本に書き写しましたが、その写本には、ユニットが若干異なって取捨選択されているうえに、配列も多少異なっている二つのバージョンがありました。これを称して第一写本、第二写本と呼びます。

「ポール・ロワイヤル」版の序文には、編者たちがユニットをそのまま保存するために写本を作成したということは書かれていましたが、しかし、その事実を重視する研究者は三世紀近くたってもあらわれませんでした。というのも、写本は残っていても、ユニット自体は、編集作業の過程で紐がほどかれ、解体されてしまったからです。とはいえ写本が、解体されたユニットを構成していた草稿とともに遺族のもとに「残って」、最終的にパリ国立図書館に保管されていたことが後々、研究の大きな支えとなります。

しかし、その写本の見直しが始まるのはまだ先のことで、「ポール・ロワイヤル」版刊行からほぼ二世紀の間は、「ポール・ロワイヤル版」の編集がいかに恣意的であるかという批判が研究の主流になります。その先鞭をつけたのが、十八世紀のソルボンヌで教鞭を執っていたヴィクトル・クザンで、パリ国立図書館に保管されていた草稿を閲覧して、「ポール・ロワイヤル版」に代わる新しい批評版が出版されなければならないと訴えました。これが『パンセ』研究の第二の波の始まりです。

この呼びかけに応えた一人が、十九世紀後半に同じくソルボンヌの講壇に立ったレオン・ブランシュヴィックという研究者でした。彼は、パスカルが意図していた護教論を草稿から再構成するのは不可能であると判断し、草稿を十四のテーマに沿うように選択・配列しなおし、『パンセ』という表題で出版しました。これが、われわれが依拠した「ブランシュヴィック版」です。

「ブランシュヴィック版」はアンソロジーの仕方が巧みだったこともあり、その後、長く親しまれました。私たちの世代が『パンセ』に初めて接したのも、ほとんどが「ブランシュヴィック版」に拠る翻訳でした。

ところが、一九三〇年代から四〇年代にかけて、ザカリー・トゥルヌールとルイ・ラフューマという二人の研究者が「ポール・ロワイヤル版」の序文を虚心坦懐に読み、そして、そこに記されていた二つの写本というものこそ、生前のパスカルが意図していた護教論の構成に近いのではないかと疑って草稿の再構成に取り掛かったのです。

とりわけ、ラフューマが一九五一年に第一写本をもとにして再構成したいわゆる「ラフューマ版」の『パンセ』を出版すると、『パンセ』研究史は新しい段階に入ります。これが『パンセ』研究第三の波と呼ばれるものです。

以後、ラフューマと同じく第一写本を原本としながら若干の異同を加えた「ルゲルン版」（一九七七年）、一方、第一写本ではなくむしろ第二写本のほうがパスカルの思想をよく反映していると考えたフィリップ・セリエによる「セリエ版」（一九七六年）が拮抗して刊行され、『パンセ』研究はおおいなる活況を呈することになるのです。

ところが、ここに大きな問題が起こります。

それは、『パンセ』研究があまりに盛んになり、細部へのこだわりが激しくなったことから、第一写本をもとにした「ラフューマ版」あるいは「ルゲルン版」にしろ、第二写本をもとにした「セリエ版」にしろ、これを手に取った読者は、パスカルの草稿の山を初めて目にしたときの遺族や友人たちと同じような気持ちに襲われたのです。つまり、あまりに雑然としすぎて散漫な印象しか抱けないというものです。これなら、いかに乱暴な分類だろうと、「ブランシュヴィック版」のほうがスッキリしてよかったという声が聞こえるようになったのです。

ほかならぬ私自身がそうした一人でした。「ブランシュヴィック版」に慣れ親しんだパスカル読者である私にとって、「ラフューマ版」「ルゲルン版」あるいは「セリエ版」は、あまりに詳しすぎるように思えたのです。

たしかに研究の精度は一段と上がり、パスカルが構想した護教論を再構成するには最適になったかもしれませんが、しかし、いざ通して読もうとすると、これが読めないのです。

やはり「ブランシュヴィック版」に戻ってしまうのです。

　そんなときでした。NHKの「100分de名著」からパスカルの『パンセ』を取り上げるので、テキストを執筆しないかという依頼を受けたのは。私はパスカルの専門家ではありませんので、思い切った構成のテクストを書くつもりだが、それでもいいかと問うたのですが、OKということでしたので、就職活動に悩む大学生、広告代理店の激務に追われる女性、定年退職して日々、無聊（ぶりょう）に苦しむ男性などが偶然、『パンセ』を発見するという構成にしてテキストを執筆しました。そのとき既存の訳ではいまひとつスッキリしないものを感じたので、自分なりの選択と配列を行ったアンソロジー版を『パンセ抄』として飛鳥新社から出したのです。

　すると、冒頭でお話ししたように、NHK出版の加藤さんが、今度は独自の選択と配列を試みられて、私に解説を書くようにと依頼されたというわけです。

　私は、選択とテーマ別配列に関しては加藤さんのご意向を尊重しましたが、ただ一つ、断章の順番にだけは自分の意見を通すことにしました。それは、すでに断章を引いたように、「同じ思想であっても、それが異なった並べ方をされると、別の論旨がかたちづくられる」からにほかなりません。

というわけで、本書は私と加藤さんの合作のアンソロジー版『パンセ』というわけなのです。

こうしたアンソロジーは、『パンセ』という本の性質上、もっと別のかたちでも可能かと思いますので、私たちのバージョンをたたき台にして「異なった並べ方」にチャレンジされ、「別の論旨」を生み出すのもいいのではないかと思っています。

『パンセ』は「閉じられた本」では決してなく、だれにでも「開かれた本」なのです。

最後になりましたが、NHK出版編集部の加藤剛さんにはひとかたならぬお世話をいただきました。心よりの感謝の言葉を伝えたいと思います。

二〇二二年五月十二日

鹿島　茂

編集協力　湯沢寿久
校閲　福田光一
DTP　天龍社

**鹿島 茂** かしま・しげる
1949年、神奈川県横浜市生まれ。
作家、フランス文学者。元明治大学国際日本学部教授。
東京大学文学部仏語・仏文科卒業、
同大大学院人文科学研究科博士課程単位修得満期退学。
専門は19世紀フランス文学。『馬車が買いたい』(サントリー学芸賞)、
『子供より古書が大事と思いたい』(講談社エッセイ賞)、
『NHK「100分de名著」ブックス パスカル パンセ』
『NHK「100分de名著」ブックス ユゴー ノートル=ダム・ド・パリ』
など著書多数。

**NHK出版新書 677**

# 『パンセ』で極める人間学

2022年6月10日　第1刷発行

著者 鹿島 茂 
発行者 土井成紀
発行所 NHK出版
〒150-8081 東京都渋谷区宇田川町41-1
電話 (0570) 009-321(問い合わせ) (0570) 000-321(注文)
https://www.nhk-book.co.jp (ホームページ)
振替 00110-1-49701

ブックデザイン albireo
印刷 新藤慶昌堂・近代美術
製本 藤田製本


Printed in Japan ISBN978-4-14-088677-9 C0210

NHK出版新書好評既刊

日本人にとってキリスト教とは何か
遠藤周作『深い河』から考える
若松英輔
神とは、死とは、信仰とはどういうものか。いま最も旺盛な活動を続ける批評家が、遠藤文学の集大成『深い河』を軸に、霊性と宗教の交点を見出す。
662

ナチスと鉄道
共和国の崩壊から独ソ戦、敗亡まで
鳩澤 歩
新車輛開発競争、交通政策をめぐる組織内外の駆け引き、鉄道からみた独ソ戦、死の特別列車──。知られざる歴史を、通史として描き出す。
663

ポスト・ヒューマニズム
テクノロジー時代の哲学入門
岡本裕一朗
なぜいま、哲学で「人間」が問題となるのか。「思弁的実在論」「加速主義」「新実在論」など、21世紀現代哲学を、具体的論点を踏まえて明瞭に解説!
664

小林秀雄の「人生」論
浜崎洋介
稀代の知性が一貫して追求した「日本人が真に幸福に生きるための心構え」とは? あの難解な文章が読めるようになる、小林秀雄・超入門講義!
665

商業美術家の逆襲
もうひとつの日本美術史
山下裕二
従来の日本美術史の枠をはみ出した破格の商業美術家の作品をカラーで多数収載。浮世絵からマンガまで、知られざる「美の系譜」を明らかにする!
666

現代哲学の論点
人新世・シンギュラリティ・非人間の倫理
仲正昌樹
パンデミックやテクノロジーの急速な進化など、社会の変化によって哲学に今どのような問いが生まれているのか? 8つの論点を鋭く解説!
667

NHK出版新書好評既刊

## 日本人の宿題
歴史探偵、平和を謳う

半藤一利
保阪正康［解説］

「昭和史の語り部」として慕われた半藤一利さん。没後一年、NHKラジオ番組での「語り」をもとに再構成した日本人への「遺言」。保阪正康の解説付き。

668

## 「旧制第一中学」の面目
全国47高校を秘蔵データで読む

小林哲夫

「地元最強ブランド」の根拠は何か。なぜステータスを維持する学校と失う学校があるのか。明治から令和までの逸話が満載、教育関係者も必読！

669

## オードリー・タンが語るデジタル民主主義

大野和基
［インタビュー・編］

市民参加型の政治討論、新しい投票方法の導入、徹底した情報公開…。台湾の天才デジタル大臣が、民主主義の革新的なモデルの精髄を説く。

670

## テルマエと浮世風呂
古代ローマと大江戸日本の比較史

本村凌二

アッピア街道と東海道から権力のあり方を考え、ワインと日本酒から民衆の暮らしに思いを馳せる。異なる歴史を比べて愉しむ10のエッセイ。

671

## 百歳 いつまでも書いていたい
小説家・瀬戸内寂聴の生きかた

瀬戸内寂聴

楽しい法話で多くの日本人から愛された寂聴さん。ラジオに遺された「小説家」としての言葉に、人が快活に生きるためのヒントがちりばめられている。

672

## 史伝 北条政子
鎌倉幕府を導いた尼将軍

山本みなみ

鎌倉殿の妻、母、そして尼将軍へ。頼朝亡き後、政子はいかにして幕府を守ったのか？ 中世史の新鋭が新史料を駆使して迫る、史上随一の女傑の全貌。

673

NHK出版新書好評既刊

**674**
## 教養としての「数学I・A」
論理的思考力を最短で手に入れる
永野裕之

二次関数や統計など高校数学の初歩に親しむことで、社会人に必須の「数学リテラシー」を身につける。数学学びなおしのプロがわかりやすく解説。

**675**
## 壁とともに生きる
わたしと「安部公房」
ヤマザキマリ

人間社会のジレンマを昆虫観察するかのように描いた戦後作家、安部公房。その恐るべき俯瞰力と先見性を、気鋭のマンガ家が生き生きと語る。

**676**
## 実践・哲学ディベート
〈人生の選択〉を見極める
高橋昌一郎

反出生主義に英語教育、ルッキズムからAI倫理、意思決定論まで。「教授」と「学生たち」のディベート形式で哲学的思考を鍛える画期的入門書！

**677**
## 『パンセ』で極める人間学
鹿島 茂

博覧強記の仏文学者が、西洋哲学の古典『パンセ』から、現代人にとって切実かつ魅力的な部分を抽出し、自身の訳と解説で編み直す、新しい哲学ガイド。

**678**
## お白洲から見る江戸時代
「身分の上下」はどう可視化されたか
尾脇秀和

お奉行様のお裁きの前になぜ出廷者の「座席決め」が問題となったのか？ 役人たちの苦労の背後に、幕府が守ろうとしていた「正義」を見出す快作！